GU RATGEBER GESUNDHEIT

CHARLOTTE MEUKEL

Feng Shui

Erfolg im Beruf

- Mehr Energie, Freude und Effektivität
- Konzentrierter und stressfreier arbeiten
- Einrichtung, Kleidung und Beleuchtung

GU

Inhalt

Ein Wort zuvor

Unser Umfeld ist der Spiegel unseres inneren Zustandes und dessen, was wir als unsere Wirklichkeit akzeptieren. Das wurde mir durch die intensive Beschäftigung mit Feng Shui immer bewusster. Doch wenn unser Inneres unser Äußeres derartig beeinflusst, dann muss auch der Schluss zulässig sein, dass wir durch eine optimale und lebendige Gestaltung des Umfeldes uns zu mehr Lebensfreude bringen können. Das Gleiche gilt natürlich auch für die Gestaltung unseres Arbeitsbereiches. Mithilfe dieses Buches können Sie einfach und schnell die energetische Situation an Ihrem Arbeitsplatz so verändern, dass Ihr Umfeld Sie in Ihrem Tun und bei der Erreichung Ihrer Ziele unterstützt.

- Im ersten Teil des Buches finden Sie einen Überblick über Geschichte und Prinzipien des Feng Shui.
- Im Mittelteil des Buches geht es um Ihr berufliches Umfeld und den konkreten Platz, an dem Sie Ihre Arbeit erledigen. Sie lernen Ihren Arbeitsplatz Schritt für Schritt nach Feng-Shui-Kriterien (Kompassschule) zu beurteilen. Auf dieser Grundlage können Sie sich dann auf Maßnahmen besinnen, die es Ihnen ermöglichen, neue Ziele zu erreichen.
- Der dritte Teil des Buches hilft Ihnen mit Anwendungsbeispielen bei der Umsetzung dieser Maßnahmen. Mit Tipps und Hilfsmitteln trägt er dazu bei, Ihr Arbeitsleben zu harmonisieren, freudvoller zu gestalten und Ihre Ziele schneller erreichbar zu machen.

Wenn wir unsere Arbeitsplätze nach den Prinzipien dieser mehr als dreitausend Jahre alten Lehre gestalten würden, dann hätten wir mehr persönlichen Frieden, Harmonie und Zufriedenheit in unserem Leben. Davon bin ich überzeugt. Ich wünsche Ihnen viel Spaß und Erfolg bei der Umsetzung Ihrer Ideen.

Charlotte Meukel

Feng Shui – Ursprung und Bedeutung

Ob in Taiwan, Singapur, Malaysia, Hong Kong oder China – Feng Shui hat großen Einfluss auf den Alltag. Seit Jahrtausenden schwören die Chinesen auf diese Wissenschaft. Sie nutzen sie, um Städte zu entwerfen, Häuser und Firmengebäude zu errichten, Standorte zu bestimmen, Fassaden zu gestalten sowie Wohn- und Arbeitsräume einzurichten.

Was ist Feng Shui?

Feng Shui ist die Wissenschaft vom richtigen Umgang mit den Energien unseres Lebensraumes. „Feng“ bedeutet Wind und „Shui“ Wasser. Diese beiden Naturelemente bestimmen das Leben grundlegend.
Die Lehren des Feng Shui helfen dem Menschen mit seiner Umwelt in Harmonie zu leben. Unsichtbare Kräfte bewirken einen Fluss von guten Energien (Qi) oder weniger guten Energien (Sha). Die Feng-Shui-Philosophie basiert auf der Kenntnis dieser Kräfte und ihrer Wirkungsweise.

Der Mensch in Harmonie mit der Umwelt

Feng Shui kommt aus China

Feng Shui stammt ursprünglich aus China. Wie Akupunktur, Qi Gong und die Chinesische Ernährungslehre ist es eine Erfahrungswissenschaft, die auf langen Beobachtungen von Phänomenen in der Natur beruht. Die daraus abgeleiteten Gesetzmäßigkeiten wurden später auf das vom Menschen geschaffene Umfeld übertragen.

Feng Shui basiert auf Beobachtungen der Natur.

Feng Shui überlebte die Kulturrevolution

Zur Zeit Mao Tse Tungs wurde die Ausübung von Feng Shui verboten. Dadurch verloren viele Chinesen den Zugang zu dieser Tradition. Mao wollte damit erreichen, dass niemand außer ihm zu politischer Macht gelangte. Es wird ihm jedoch nachgesagt, er wäre ein großer Bewunderer und Anwender dieser Kunst gewesen. Durch die Flucht zahlreicher Feng-Shui-Meister ins Ausland konnte Feng Shui dennoch überleben.

Die Formenschule und die Kompassschule

Die Beschaffenheit der Landschaft

Innerhalb der Feng-Shui-Lehre haben sich zwei Schulen entwickelt: Die Formenschule und die Kompassschule.
Die Formenschule beschäftigt sich in erster Linie mit der Beschaffenheit der Landschaft. Die Himmelsrichtungen spielen dabei eine untergeordnete Rolle. Manche Feng Shui-Berater arbeiten ausschließlich mit dieser Methode. Bei der Auswahl des Standortes wird die Gestalt der Landschaft berücksichtigt, mit dem Ziel, einen energetisch ausgewogenen Platz zu finden. Die Umgebung wird dabei in die Fünf Elemente (Holz, Feuer, Erde, Metall und Wasser) eingeteilt: Landschaftsformen, wie senkrecht abfallende Hänge oder Klippen, entsprechen dem Element Holz, zerklüftete Einschnitte hoher Berge dem Element Feuer, flache und weitläufige Ebenen dem Element Erde, sanfte Hügelketten dem Element Metall, Seen, Flüsse und Meeresmündungen dem Element Wasser.

Das Verhältnis zwischen Himmel und Erde

Die Kompassschule hingegen beschäftigt sich mit dem Verhältnis zwischen Himmel und Erde. Als Messinstrument wird ein Kompass verwendet, der die Übereinstimmungen eines Ortes mit dem Kosmos ermittelt. Dabei sind besonders die Qualitäten der acht Himmelsrichtungen (N, NO, O, SO, S, SW, W, NW) von Bedeutung. Durch das Einbeziehen der Himmelsrichtungen entsteht ein harmonisches Zusammenspiel zwischen Himmel und Erde, das bei der Gestaltung eines Gebäudes oder Raumes genutzt wird. Im Gegensatz zur Formenschule nimmt die Kompassschule also exaktere Berechnungen vor.
Das vorliegende Buch soll Ihnen nun ermöglichen, die Gesetzmäßigkeiten und Empfehlungen der Kompassschule bei der Gestaltung Ihrer Firmeneinrichtung oder Ihres Arbeitsplatzes anzuwenden.

Auch die alten Römer orientierten sich beim Bau von Städten an den Himmelsrichtungen.

Jede Kultur hat eine Art Feng Shui entwickelt

Westliche Bautraditionen

Verschiedene Bautraditionen zeigen, dass jede Kultur eine eigene Art Feng Shui entwickelt hat. Die alten Römer zum Beispiel berücksichtigten bei ihren Stadtgründungskonzepten die Bodenqualität, die Formation der Landschaft und die Himmelsrichtungen. Noch heute lässt sich die Ost-West/Nord-Süd-Ausrichtung an römischen Hauptstraßen leicht nachvollziehen.

In der Tradition der europäischen Kirchenbaukunst wurden neben der Formation der Landschaft, der Gebäudeform und der Raumaufteilung auch Energieflüsse berücksichtigt. Dieses Hintergrundwissen wird mit dem Begriff „Geomantie“ umschrieben. Kircheninnenräume erzeugen so – je nach Längen-, Breiten - und Höhenmaßverhältnis – Schwingungen, die uns positiv beeinflussen. Diese lassen sich mittels eines Biotensors (Gerät zur Wahrnehmung von Schwingungen) messen. Zum Beispiel wurden die Kathedrale von Chartres und der Kölner Dom nach geomantischen Gesichtspunkten erbaut.

Feng Shui in der Geschäftswelt

Feng Shui im Business

Nicht nur in den USA, sondern auch in Europa wird Feng Shui immer populärer. Mittlerweile lassen zahlreiche westliche Unternehmen, wie zum Beispiel die Deutsche Bank oder die Hotelgruppe Holiday Inn, ihre Geschäftsräume nach Feng-Shui-Regeln gestalten. Harmonisches Gebäudedesign, ideale Arbeitsraumgestaltung, optimale Arbeitsabläufe und gutes Betriebsklima sind Ziele des Business-Feng-Shuis.

Welche Vorteile hat Feng Shui für Mitarbeiter

- Auf der beruflichen Ebene führt Feng Shui bei Mitarbeitern zu Kooperationsfähigkeit und Zufriedenheit. Damit werden reibungslose Arbeitsabläufe und optimale Zeiteinteilung erreicht.
- Auf der persönlichen Ebene erreichen Mitarbeiter durch Feng Shui Anerkennung und Beförderung – die Arbeitsmotivation nimmt zu.

und Vorgesetzte?

- Auf der geschäftlichen Ebene führt Feng Shui bei Vorgesetzten zu guter Mitarbeiterführung und zufriedenstellenden Kundenkontakten. Damit wird Produktivitätssteigerung, Kosteneinsparung, Gewinnoptimierung und erfolgreiche Öffentlichkeitsarbeit erzielt.
- Auf der persönlichen Ebene fördert Feng Shui bei Vorgesetzten Kreativität, konzeptionelles Denken, Entscheidungs- und Durchsetzungsvermögen. Kooperationsfähigkeit, Selbstvertrauen und Selbstkontrolle werden unterstützt.

Die Wirkungsweise von Feng Shui

Feng Shui wirkt auf energetischer Ebene. Es beeinflusst den Menschen durch seine Umgebung auf günstige Weise. Feng Shui hat das Ziel, positive Energien zu unterstützen und negative abzuwehren.
Im Geschäftsleben kann Feng Shui eine Atmosphäre von Wohlwollen und Vertrauen schaffen. Leistungsbereitschaft und Ausgeglichenheit unter Mitarbeitern werden so gefördert – der Erfolg eines Unternehmens nimmt zu, Rentabilität und Gewinn steigen.

Die Basisgrundlagen der Feng-Shui-Lehre

Qi, Yin und Yang, die Fünf Elemente und die Acht Kompassrichtungen bilden das philosophische Grundgerüst, mit dem Feng Shui erklärt werden kann. Alle vier Grundlagen sind miteinander verbunden und können gleichzeitig angewendet werden.

Das Qi – die universelle Lebensenergie

Qi ist kosmische Energie

Qi ist die Voraussetzung für alles Leben. Es ist feinstoffliche Energie und im gesamten Kosmos vorhanden. Qi kann im Menschen durch Tai Chi, Qi Gong, Akupunktur, Meditation oder gesunde Ernährung aufgebaut werden. Durch die richtige Gestaltung von Wohn- und Arbeitsräumen mithilfe von Feng Shui erfahren wir ebenfalls einen Zuwachs an wertvollem Qi.

Yin und Yang ergänzen sich.

Das Gegensatzpaar Yin und Yang

Yin und Yang sind konträre Kräfte, die einander bedingen und ergänzen. Sie sind der Ursprung jeder Schöpfung und gehen aus Qi hervor. Yin ist weiblich, Yang ist männlich. Zusammen erzeugen sie ein harmonisches Ganzes. Nichts ist reines Yin oder reines Yang. Alles ist in allem enthalten und in ständiger Veränderung – auch wenn wir glauben, die Welt um uns herum sei statisch. Die moderne Physik lehrt uns, dass das Modell von Yin und Yang uns den richtigen Weg weist, das Universum in seiner Ganzheit zu erfassen.

Das Leben wird von Yin und Yang bestimmt

Unsere Gefühle (Liebe und Hass) und Denkprozesse (These und Antithese) wie auch unser Arbeitsumfeld (Stress und Entspannung) beinhalten die Gegensätze von Yin und Yang. Yin- und Yangkräfte können für oder gegen uns arbeiten. Entscheidend ist, wie wir damit umgehen oder wie sie durch unser Umfeld auf uns wirken.
Wenn Sie sich unmotiviert fühlen und keine neuen Ideen haben, befinden Sie sich im Yin-Zustand. Sind Sie hektisch und voller Ideen, stehen Sie unter dem Einfluss von Yang. Beide Zustände werden auch von einer Umgebung produziert, in der Energie zu langsam oder zu schnell fließt. Kennen wir die Wirkungsweisen von Yin und Yang, können wir mit wenig Aufwand viel erreichen und unser Leben so zu unseren Gunsten verändern.

Yin und Yang – die Polarität

Yin und Yang wirken wie die beiden Pole eines Magneten. Yin zieht die gleiche Menge Yang an und umgekehrt. Sind Sie zum Beispiel ein introvertierter Mensch, ziehen Sie extrovertierte Menschen an. Ändert sich Ihr Wesen, so ändert sich auch Ihr soziales Umfeld.
Dieses Prinzip von Yin und Yang kann wichtige Gestaltungshinweise bei der Firmen- oder Arbeitsplatzeinrichtung geben. Arbeit ist ein Yang-Vorgang. Er wird durch kräftige Farben und helles Licht unterstützt. Als Yin-Ausgleich bieten sich beispielsweise Zimmerpflanzen, Wasserspiele, gedämpftes Licht und eine wohnliche Einrichtung an.

TIPP!

Der Mondrhythmus hat Einfluss auf unser Leben

Mit Zunahme des Mondes sind die Menschen erfahrungsgemäß aktiver. Sie gehen häufiger aus, sind offener und interessierter. Die Zeit des Vollmondes ist Yang. Nimmt der Mond ab, werden wir ruhiger, ziehen uns zurück und halten Innenschau. Die Zeit des Neumondes entspricht Yin.
Nutzen Sie dieses Wissen für Ihren beruflichen Erfolg. Organisieren Sie Events, Messen und Verkaufsgespräche nach diesen Rhythmen. Unternehmensbereiche, wie Werbung, Öffentlichkeitsarbeit und Marketing, sollten in der Yangphase gefördert werden – Buchhaltung, Bilanzierung, Projektentwicklung und Geschäftsabschlüsse in der Yinphase.

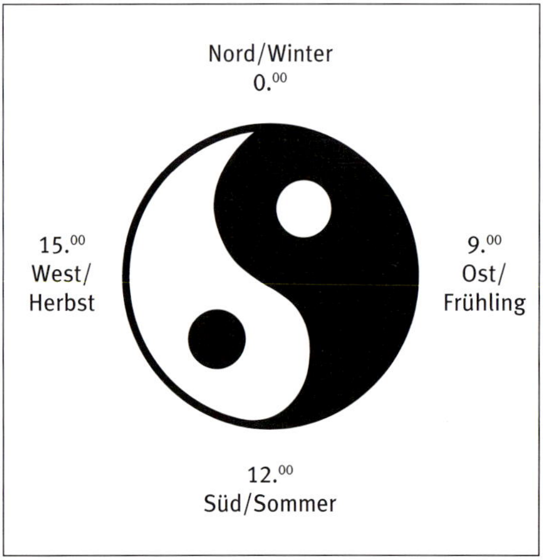

Der Mond (Yin) und die Sonne (Yang) im Tagesablauf

Um Mitternacht, wenn sich die Sonne auf der anderen Seite des Erdballs befindet, erleben wir auf unserer Seite das höchste Yin. Mit der Wanderung der Sonne nach Mitternacht breitet sich das Yang aus. Beide Pole erreichen in der späten Morgendämmerung einen balancierten Zustand. Zur Mittagszeit erreicht das Yang seinen Höchststand. Gegen Nachmittag gelangen Yin und Yang wieder in einen Zustand der Balance. Gegen Abend nimmt die Yin-Energie wieder zu. Sie sollten vor Mitternacht zu Bett gehen, um in der Stunde von 23 bis 24 Uhr den zarten Keim des Yangs ungestört in sich wachsen zu lassen. Gehen Sie nach Mitternacht zu Bett, haben Sie das anfängliche Wachstum des Yangs verpasst. Ihre Energie ist am kommenden Tag nicht in Balance. Im Sommer (mehr Yang) sollten Sie früher aufstehen und später zu Bett gehen, im Winter (mehr Yin) früher zur Ruhe kommen und früher aufstehen.

Der ständige Wechsel von Yin und Yang.

Die Fünf Elemente

Die Fünf Elemente bezeichnen verschiedene energetische Zustände (Energieformen). Sie werden durch Holz, Feuer, Erde, Metall und Wasser verkörpert. Auch die Himmelsrichtungen, Jahreszeiten, Tageszeiten und Farben werden diesen Fünf Elementen zugeordnet. Alle Elemente bedingen einander und lösen sich in Wandlungsphasen zyklisch ab. Im aufbauenden Zyklus befinden sie sich im Gleichgewicht: Holz nährt Feuer, aus Feuer entsteht Erde, Erde fördert Metall, Metall wird zu Wasser und Wasser nährt Holz. Im zerstörenden Zyklus befinden sie sich im Ungleichgewicht: Holz laugt Erde aus, Erde verschmutzt Wasser, Wasser löscht Feuer, Feuer schmilzt Metall und Metall überwindet Holz.

Die Elemente stehen zueinander in Balance

Der aufbauende (li.) und der zerstörende Zyklus.

Die Fünf Elemente im Tagesrhythmus

Auch der Tagesrhythmus wird durch die Fünf Elemente bestimmt. Wenn die Sonne im Verlauf des Tages von Osten nach Westen zieht und nachts von Norden wieder zum Osten gelangt, so hat sie alle energetischen Zustände der Fünf Elemente durchschritten. Im Osten (Sonnenaufgang) und Südosten wandert sie durch die aufstrebende Holzenergie, im Süden durch die strahlende Feuerenergie und im Südwesten durch die behäbige Erdenergie. Im Westen (Sonnenuntergang) und Nordwesten bewegt sie sich durch die nach innen gerichtete Metallenergie. Nachts wandert sie durch die fließende Wasserenergie des Nordens zum Nordosten der Erdenergie. Am Morgen erreicht sie dann wieder den Osten. Nutzen Sie den Einfluss der Fünf Elemente in ihrem beruflichen

Die Wanderung der Sonne.

Alltag: Am Morgen sollten Sie neue Ideen entwickeln, gegen Mittag sich mit Öffentlichkeitsarbeit beschäftigen, während der Mittagspause Kunden- und Mitarbeiterkontakte pflegen und am späten Nachmittag den Arbeitstag vielleicht noch einmal überdenken. Am Abend reflektieren Sie, wie Sie den nächsten Arbeitstag beginnen könnten und was Sie verändern möchten.

Die symbolische Darstellung der Fünf Elemente

Die Fünf Elemente im Jahresablauf spielen bei der Entwicklung eines Unternehmens oder der Ausarbeitung eines Firmenprojektes eine bedeutende Rolle. Sämtliche Bereiche und Aktivitäten profitieren von den Energien der Jahreszeiten: Forschung, Entwicklung und Wachstum im Frühling – Öffentlichkeitsarbeit, Marketing und Vertrieb im Frühsommer – Kundenkontakte im Spätsommer und frühen Herbst – Finanzierungsentscheidungen im Spätherbst – Zukunftsplanung und strategische Entwicklung im Winter. Im Folgenden werden die Fünf Elemente symbolisch dargestellt und den verschiedenen Jahreszeiten zugeordnet.

Die Fünf Elemente im Jahresablauf

Holzenergie verbindet man mit dem Wachstum im Frühling. Dem entspricht die Ausarbeitung einer Geschäftsidee, die Gründung einer Firma oder die Umsetzung eines Planes.

Feuerenergie steht in Verbindung mit dem Sommer. Im Geschäftsleben unterstützt sie die Präsentation eines neuen Produkts oder die Bekanntmachung einer Firma.

Erdenergie entspricht dem Spätsommer und frühen Herbst. Sie hilft, gute und langfristige Beziehungen zu Kunden und Mitarbeitern aufzubauen.

Metallenergie wird dem Herbst und Vorwinter zugeordnet. Unter ihrem Einfluss werden Finanzierungspläne entworfen und Gewinnsteigerung angestrebt.

Wasserenergie bezieht sich auf den Winter. Sie steht in Verbindung mit Regeneration und Rückzug. Marktveränderungen und Wettbewerb stehen im Vordergrund.

Himmel (Yang)
Mensch (Yin)
Erde (Yang)

Beschreibung der Trigramme

Jeder Kompassrichtung wird ein Trigramm zugeordnet, das eine eigene Energieform darstellt. Alle Trigramme bestehen aus einer Kombination von drei Linien, die unterbrochen (Yin) oder durchgehend (Yang) sein können. Die Linien werden von unten nach oben angeordnet. Die untere Linie bezieht sich auf die Erde, die mittlere repräsentiert den Menschen und die obere den Himmel. Der Mensch gilt in der Darstellung der Trigramme als Mittler zwischen Himmel und Erde und sollte sich mit beiden in Harmonie befinden.

Die Acht Kompassrichtungen

Die Acht Kompassrichtungen beschreiben acht Himmelsrichtungen, die mithilfe eines Kompasses von der Raummitte aus ermittelt werden. Jeder Richtung werden bestimmte Bereiche zugeordnet. Nachfolgende Tabellen zeigen die entsprechenden Zuordnungen, nach denen Feng-Shui-Berater vorgehen.
Jede Richtung ist mit einem der Fünf Elemente verbunden. Außer Norden und Süden teilen sich immer zwei Richtungen ein Element. Darüber hinaus wird jede Richtung zur entsprechenden Jahres- und Tageszeit besonders aktiviert. Jede Richtung hat auch eine eigene Farbgebung, die bei der Raum-, Arbeitsplatz- und Fassadengestaltung von Bedeutung ist.
Um Erfolg und Gewinn zu erzielen, sollte man Firmenstandorte nach den Himmelsrichtungen auswählen. Zum Beispiel begünstigt die stürmische, ungebremste Holzenergie des Ostens eine Firmengründung in der Computer- und Elektronikbranche. Das Gebäude sollte sich deshalb, vom Zentrum der Stadt aus gesehen, im Osten befinden. Liegt es stattdessen im Norden, dann müsste das Gebäude mit der Farbe des Ostens (helles Frühlingsgrün) gestrichen werden.

Jeder Himmelsrichtung werden Trigramme, Elemente, Jahres- und Tageszeiten zugeordnet.

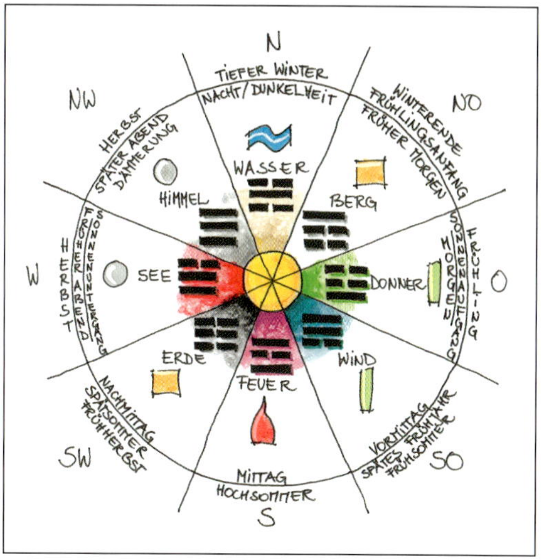

Die Zuordnungen zu den acht Kompassrichtungen

Bereiche	Norden	Nordost
Qualität der Richtung	Rotation, Veränderung auf der Stelle, Stille, Rückzug	keine Veränderung, Ruhe vor dem Sturm
Energie	Die Energie ist still und hat sich zurückgezogen. Oberflächlich betrachtet sieht alles ruhig aus. Norden bedeutet große Heilkraft und Regenerationsfähigkeit.	Die Energie ist schnell, instabil und unberechenbar. Für die Chinesen ist sie der Zugang zur Geisterwelt.
Element	Wasser	Erde
Beschreibung der Elemente	Wasser ist die stärkste Energie, denn sie kann in keine Richtung gezwungen werden. Wasser überwindet am Ende alles.	Die Erdenergie des Nordostens ist scharf, motivierend und direkt. Sie hilft bei der Durchsetzung gegen Mitbewerber.
Trigramm	Wasser ☵	Berg ☶
Branche	Heilberufe, Nachrichtengeschäft, Berufsberatung	Handel mit Geld und Gebrauchsgütern, Spekulation, Sport & Spiel
Farben zur Raumgestaltung	glänzendes Cremeweiß mit Tiefenwirkung	reines, grell reflektierendes Weiß
Tageszeit	Nacht, Finsternis	erste Dämmerung
Jahreszeit	Wintermitte	Winterende
Persönlicher Gewinn	Vertiefung persönlicher Fähigkeiten	Erleichterung des Zuganges zu tiefer, innerer Erkenntnis

Die Zuordnungen zu den Acht Kompassrichtungen

Bereiche	Osten	Südost
Qualität der Richtung	lineare Bewegung, schnelles und unkontrolliertes Wachstum	Veränderung der Form, gemäßigtes Wachstum
Energie	Eine schnelle und konzentrierte Energie, die Ideen umsetzt. Gut für den Neuanfang eines Geschäftes.	Kontinuierliches Wachstum für bereits Begonnenes. Beratung und überlegte Expansion.
Element	Holz	Holz
Beschreibung der Elemente	Holzenergie bedeutet ungebremstes Wachstum. Stürmisches Voranschreiten und einen Neustart wagen.	Die Holzenergie des Südostens unterstützt kontinuierliches Wachstum.
Trigramm	Donner ☳	Wind ☴
Branche	Elektronik- und EDV-Branche, High-Tech-Industrie	Medienbranche, Kommunikationstechnologie, Trainings, Seminare und Coaching
Farben zur Raumgestaltung	helles Frühlingsgrün junger Triebe und Blätter	blaugrün, dunkelgrün
Tageszeit	Sonnenaufgang	Morgen
Jahreszeit	Frühling	Frühsommer
Persönlicher Gewinn	Selbstvertrauen, verbesserter Gesundheitszustand	Entwicklung neuer Ideen für den zukünftigen Erfolg

Die Zuordnungen zu den Acht Kompassrichtungen

Bereiche	Süden	Südwest
Qualität der Richtung	chemische Veränderung, Dynamik	natürliches Wachstum, beständiger Fortschritt
Energie	Eine Verstärkung der Südenergie sorgt für gute Öffentlichkeitsarbeit und Kundenkontakte. Steht in Verbindung mit Schönheit und Intelligenz.	Sie sorgt für beständigen Fortschritt, harmonische Kundenbeziehungen und natürliches Wachstum.
Element	Feuer	Erde
Beschreibung der Elemente	Südenergie bedeutet feurige, dynamische, nach oben strebende Kraft.	Südwestenergie ist beständig, unterstützend und bodenständig.
Trigramm	Feuer ☲	Erde ☷
Branche	Vertrieb, Chemiebranche, Öffentlichkeitsarbeit, Modebranche, Werbung, Strafrecht	Personalmanagement, Immobilien
Farben zur Raumgestaltung	Rot-Violett aus den Wurzeln einer Flamme	Schwarz von reicher, fruchtbarer Erde
Tageszeit	Mittag	Nachmittag
Jahreszeit	Hochsommer	Spätsommer und Frühherbst
Persönlicher Gewinn	Erleichterung des Zuganges zu Ruhm und Anerkennung	Verbesserung persönlicher Beziehungen und Kundenkontakte

Die Zuordnungen zu den Acht Kompassrichtungen

Bereiche	Westen	Nordwest
Qualität der Richtung	Rückzug, Konzentration auf Finanzen und Veränderung der Ideen	Inspiration, Zukunftsplanung
Energie	Hat mit Gewinn und dem Verdienst für Geleistetes zu tun. Abschluss von Projekten.	Unterstützt Führungsqualität, Weisheit und Intuition, guter Platz für Vorgesetzte.
Element	Metall	Metall
Beschreibung der Elemente	Westenergie fördert Innenschau und Rückblick am Ende des Tages. Begünstigt die Fertigstellung von Projekten.	Nordwestenergie schafft etwas aus dem Nichts und ist für Vorausplanung geeignet. Management mit weiser Vorausschau.
Trigramm	See ☱	Himmel ☰
Branche	Banken, Wirtschafts- und Steuerprüfer, Buchhalter, Juweliere, Unterhaltungsbranche	Rechtssprechung, Ingenieurwesen, Unternehmensberatung, Politik
Farben zur Raumgestaltung	Tiefrot der untergehenden Sonne	Silber, Weiß und Grauweiß
Tageszeit	Sonnenuntergang	Abend
Jahreszeit	Herbst	Übergang vom Herbst in den Winter
Persönlicher Gewinn	Erwachen kindlicher Freude und spielerischer Leichtigkeit	Mentor-Suche – optimaler Zeitpunkt

HOFFNUNG
ZUKUNFT

Feng Shui – Wege zum beruflichen Erfolg

Ganz gleich, in welcher Branche Sie arbeiten, ob als Unternehmer, Freiberufler oder Angestellter – Feng Shui zeigt Ihnen Wege, mehr aus Ihrem Arbeitsumfeld zu machen. Steigern Sie Ihre Motivation und Leistungsbereitschaft durch bewusstes Gestalten, und gelangen Sie dadurch zu beruflichem Erfolg.

Die positiven und negativen Energieflüsse

Zu lange Flure beschleunigen Qi – die Atmosphäre wirkt bedrohlich.

Positive Energieflüsse (Qi) und negative Energieflüsse (Sha) sind Ausdrucksformen derselben Energie. Sie unterscheiden sich lediglich in der Qualität. Qi zirkuliert gleichmäßig und bewirkt Ausgewogenheit. Dort wo Qi aus seiner natürlichen Bewegung gerät, entsteht Sha (beschleunigtes, schneidendes oder stagnierendes Qi).

Das schnelle Qi

Schnelles Qi in der äußeren Umgebung entsteht dort, wo der Mensch künstlich in die Natur eingegriffen hat, nämlich durch den Bau von Straßen, Kanälen, Brücken und Bahngleisen. Treppen mit offenen Stufen, lange Flure, unmittelbar gegenüberliegende Fenster und Türen bewirken ebenfalls einen zu schnellem Fluss an Qi. Ist der Mensch solchen Einflüssen längere Zeit ausgesetzt, wird er nervös, reizbar und hyperaktiv.

Das schneidende Qi

Energie, die von Stützpfeilern, Mauervorsprüngen, scharfen Häuser- und Möbelkanten erzeugt wird, bezeichnet man als schneidendes Qi. Diese Art der Energie schwächt auf Dauer unseren Körper und bewirkt daher Konzentrationsmangel.

Häuserkanten, die auf einen Eingangsbereich zeigen, machen diesen nicht besonders einladend.

Günstiger Standort – geschützt durch große Wohnblöcke wird Sha-Energie im Rücken vermieden.

Das stagnierende Qi

Stagnierendes Qi ist ebenso schädlich für das Wohlbefinden. Es entsteht in unaufgeräumten und vollgestellten Räumen sowie an nicht ausreichend beleuchteten Plätzen. Menschen, die sich häufig an solchen Orten aufhalten, fühlen sich isoliert und sind depressiv. Sie zeigen wenig Mut und Selbstvertrauen.

Auch eine ungünstige Umgebung bringt Qi nicht zum Fließen. Triste Landschaften beispielsweise beeinträchtigen den wirtschaftlichen Erfolg eines Unternehmens.

Der Erfolgsstandort

Bei der Auswahl eines neuen Firmenstandortes sollten förderliche Energieflüsse genauso berücksichtigt werden wie Verkehrsanbindungen, Kundennähe, Miet- oder Grundstückspreise.

Die Energieflüsse im Eingangsbereich

Der Eingangsbereich ist die Visitenkarte eines Unternehmens. Nicht umsonst investieren erfolgreiche Firmen und Konzerne viel Geld dafür. Ein einladend gestalteter, freundlicher Eingang zieht Kunden an und lässt auf das Innenleben der Firma schließen. Eingänge sollten deshalb klar erkennbar und gut beleuchtet sein. Von der Hausfront zurückversetzte Eingänge wirken dunkel, versteckt und abweisend. In diesem Fall kann Beleuchtung Abhilfe schaffen.

Folgende Feng-Shui-Richtlinien sollten berücksichtigt werden, um attraktive Eingänge zu gestalten:

- Der Eingangsbereich sollte in Relation zum Gesamtgebäude stehen. Ein zu großer Eingang für ein kleines Firmengebäude ist eher ungünstig.

Tote Winkel im Eingangsbereich hemmen den Qi-Fluss.

Buchsbäumchen vor Eingängen ziehen Qi an.

- Der Eingangsbereich sollte so angelegt sein, dass positive Energien ungehindert einfließen können. Vorteilhaft sind daher nach oben verlaufende Treppenanlagen mit Vorplatz.
- Ideal ist es, wenn die Treppen seitlich versetzt zum Eingang liegen und die Stufen niedrig und gut begehbar sind.
- Besondere Anziehungskraft haben Büsche oder Bäume vor den Eingängen. Sie sind nicht nur dekorativ, sondern haben auch belebenden Charakter.
- Die Ausrichtung der Eingangstür spielt für ein Unternehmen eine wesentliche Rolle. Je nachdem, in welche Himmelsrichtung der Eingang zeigt, fließen aus dieser Richtung die entsprechenden Energien ein.

Die Energieflüsse am Arbeitsplatz

Mithilfe von Feng Shui können wir die verschiedenen Energien an unserem Arbeitsplatz bestimmen und nutzen. Allerdings hängt es davon ab, inwieweit die Mitarbeiter ihr Arbeitsumfeld frei gestalten können. Meistens haben Angestellte wenig Möglichkeiten dazu. Es gibt jedoch verblüffend viele und einfache Lösungen, die beruflichen Ziele und Tätigkeiten in Einklang zu bringen (siehe Hilfsmittel S. 76-83). Vorrangiges Ziel von Feng Shui ist es, positive und negative Energieeinflüsse am Arbeitsplatz zu erkennen und entsprechend auszugleichen.

Blühende Pflanzen aktivieren den Arbeitsplatz.

Das Yin und Yang in Räumen

Bei der Feng-Shui-Analyse eines Raumes muss darauf geachtet werden, ob das Verhältnis von Yin (passiv) und Yang (aktiv) ausgewogen ist. Helligkeit (Yang) und Dunkelheit (Yin) sowie Trockenheit (Yang) und Feuchtigkeit (Yin) spielen in Räumen eine zentrale Rolle. Hierzu zwei einfache Erklärungsbeispiele: Verfügt ein Raum über große Fensterfronten, so herrscht ein Zuviel an Licht (Yang). Wird ein Raum durch eine Klimaanlage belüftet, so herrscht ein Zuviel an feuchter Luft (Yin). Feng-Shui-Maßnahmen haben zum Ziel, hier einen Ausgleich dieser Kräfte herbeizuführen.

Yin-betonte Arbeitsräume

Arbeitsräume, die Yin-Überschuss zeigen, bieten wenig Tageslicht und sind schlecht belüftet. Die Räume wirken düster und muffig. Die Wände sind überdekoriert, die Möbel in dunklen und gedämpften Farben gehalten, so dass keine freundliche Atmosphäre entsteht. Die Mitarbeiter sind träge, schlechter Laune und unmotiviert. Berufliches Engagement bleibt auf der Strecke.

Yang-betonte Arbeitsräume

Dagegen sind Arbeitsräume, die Yang-Überschuss aufweisen, viel zu hell. Sie sind mit wenig Möbeln und vorwiegend mit technischen Geräten ausgestattet. Zwangsläufig machen sich unter den Mitarbeitern Verwirrung und Hektik breit. Reibungslose Arbeitsabläufe sind dadurch kaum oder nicht mehr möglich.

Eine Yang-Betonung in Arbeitsräumen ist erwünscht – das fördert die Aktivität.

Die Fünf Elemente im Gesamtgebäude

Nutzen Sie die Fünf Elemente für Ihr Wohlbefinden

Die Fünf Elemente finden ihren Ausdruck durch Farben, Formen, Objekte, Materialien und Eigenschaften. Bei der Betrachtung eines Firmengebäudes sowie seiner Innenräume ist es wichtig, herauszufinden, ob die Elemente zueinander in Balance stehen. Nur eine ausgeglichene Energiesituation schafft ein Arbeitsklima, in dem sich Mitarbeiter wohl fühlen können.

Das Element Holz

Das Element Holz wird durch Wasser genährt und durch Metall zerstört. Die dem Element Holz zugehörigen Himmelsrichtungen sind der Osten und Südosten. Holzenergie fördert das Wachstum eines Unternehmens und unterstützt den Neubeginn einer Firma. Sie ist schnell und zielstrebig. Dem Element Holz werden Objekte, wie Fenster, zugeordnet. Fenster bestehen aus Holz und Glas. Diese Materialien harmonisieren miteinander. Kunststoff-Fenster hingegen sind unter Feng-Shui-Aspekten ungünstig.

Jedem Element werden bestimmte Objekte zugeordnet

Große Fensterflächen an der Ostseite eines Firmengebäudes sind vorteilhaft, wenn der Ostanteil nicht zu groß ist. Befinden sich die meisten Büroräume jedoch an der Ostseite, so liegt ein Holzüberschuss vor. Diese Konstellation hat schnelles und unkontrolliertes Wachstum zur Folge. Vertrieb, Marketing und Kundenkontakte reichen meist nicht aus, um das Hoch aufzufangen und Gewinn bringend umzusetzen.
Die Beleuchtung im Gebäude zählt ebenfalls zur Holzenergie. Diese benötigt viel Sonnenlicht, um ungehindert wachsen zu können. Deshalb ist Tageslicht künstlichem Licht vorzuziehen. Glühbirnen oder Beleuchtungskörper mit tageslichtähnlichen Frequenzen eignen sich besser als eine Neonbeleuchtung.

Holz

Farbe: grün
Form: hohes Rechteck
Material: Holz
Objekte: Fenster, Licht
Eigenschaften: schnell und zielstrebig
Himmelsrichtung: Osten, Südosten
Unterstützendes Element: Wasser
Zerstörendes Element: Metall

Feuer

Farbe: rot
Form: Dreieck, Pyramide
Objekte: Heizungsräume
Material: Kunststoffe
Eigenschaften: energisch
Himmelsrichtung: Süden
Unterstützendes Element: Holz
Zerstörendes Element: Wasser

Das Element Feuer

Feuer wird durch Holz genährt, durch Wasser zerstört

Das Element Feuer wird durch Holz genährt und durch Wasser zerstört. Die dem Element Feuer zugehörige Himmelsrichtung ist der Süden. Feuerenergie fördert die Öffentlichkeitsarbeit und Kundenkontakte. Sie ist energisch. Dem Element Feuer werden Heizungen zugeordnet. Gute Plätze dafür sind der Osten und Südosten. Dort harmonisiert das Element Feuer mit dem Element Holz. Es ist günstig, wenn der Heizungsraum in einem großen Ostanteil des Firmengebäudes liegt, da das Element Holz das Element Feuer ausgleicht. Befindet er sich dagegen im Süden, so wird das Feuerelement stabilisiert. Ein Überschuss an Feuerenergie, beispielsweise durch Überheizen, bringt schlechte Luft. Dies beeinträchtigt die Metallenergie. Achten Sie auf eine maßvolle Temperatur und gute Raumbelüftung.

Das Element Erde

Das Element Erde wird durch Feuer unterstützt und durch Holz zerstört. Die dem Element Erde zugehörigen Himmelsrichtungen sind der Nordosten und Südwesten. Erdenergie fördert das Durchsetzungsvermögen.
Im Südwesten sorgt sie für gleichbleibendes Wachstum. Sie ist ruhig und beständig. Das Erdelement im Gebäude wird repräsentiert durch die Menschen, die sich im Gebäude befinden. Erdenergie fließt durch das Gehen der Menschen von Raum zu Raum. Eine Stagnation dieser Energie besteht in Abstellkammern oder lange leer stehenden Räumen. Sie wirken muffig und deprimierend. Daher ist es sinnvoll, alle Räume zu nutzen und regelmäßig zu lüften. Räume, in denen Erdenergie nicht bewegt wird, beeinträchtigen die Elementebalance im Gesamtgebäude.

Erde wird durch Feuer genährt, durch Holz zerstört

Erde

Farbe: gelb, braun
Form: flaches Rechteck oder Quadrat
Objekte: Mensch
Material: Naturmaterialien
Eigenschaften: ruhig, beständig
Himmelsrichtung: Nordosten, Südwesten
Unterstützendes Element: Feuer
Zerstörendes Element: Holz

Metall
Farbe: weiß, grau
Form: rund, oval
Objekte: Wind
Material: Metall
Eigenschaften: konzentriert, diszipliniert
Himmelsrichtung: Westen, Nordwesten
Unterstützendes Element: Erde
Zerstörendes Element: Feuer

Das Element Metall

Metall wird durch Erde genährt, durch Feuer zerstört

Das Element Metall wird durch Erde unterstützt und durch Feuer zerstört. Die dem Element Metall zugehörigen Himmelsrichtungen sind der Westen und Nordwesten. Metallenergie fördert die Rückschau und Vorausplanung im Unternehmens.
Im Westen begünstigt sie seinen Gewinn. Sie ist konzentriert und diszipliniert. Das Element Metall findet seinen Ausdruck durch die Luftzirkulation (Wind) im Firmengebäude. Sie wird durch die Anordnung von Fenstern und Türen sowie durch das Aufstellen von Einrichtungsgegenständen geleitet. Ein gemäßigter Luftaustausch in Räumen sorgt für einen guten Energiefluss. Zugluft allerdings schwächt die Metallenergie. Deshalb ist es besser, immer bei geschlossenen Türen zu arbeiten, wenn die Fenster in den Räumen geöffnet sind.

Das Element Wasser

Das Element Wasser wird durch Metall unterstützt und durch Erde zerstört. Die dem Element Wasser zugehörige Himmelsrichtung ist der Norden. Wasserenergie fördert die berufliche Weiterentwicklung. Sie ist fließend und anpassungsfähig. Dem Element Wasser werden Wasseranschlüsse zugeordnet. Ideale Plätze dafür sind der Osten und Südosten. Dort harmonisiert das Element Wasser mit dem Element Holz. Auch der Norden ist geeignet, denn dort wird das Wasserelement stabilisiert. Liegen die Wasseranschlüsse dagegen im Westen, wird die Metallenergie

Die Energie im Gebäude wird durch den Wind und die Menschen bewegt.

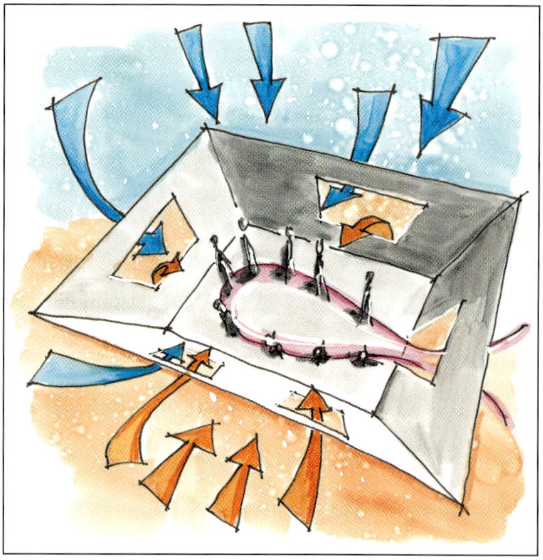

Wasser

Farbe: schwarz, dunkelblau
Form: asymmetrisch, gewellt
Objekte: Wasseranschlüsse
Material: Glas
Eigenschaften: fließend, anpassungsfähig
Himmelsrichtung: Norden
Unterstützendes Element: Metall
Zerstörendes Element: Erde

Zimmerbrunnen bringen den Geldfluss in Bewegung.

geschwächt. Dies kann den Umgang mit Geld sowie die Fähigkeit, Geld zu verdienen, negativ beeinflussen. Ungeeignete Richtungen sind der Nordosten, Westen und Nordwesten sowie der Süden und Südwesten. Installierte Wasserleitungen im Nordosten können zum Beispiel den Gesundheitszustand von Mitarbeitern gefährden und im Süden sogar ganze Unternehmensbereiche, wie Öffentlichkeitsarbeit, Werbung und Vertrieb, beeinträchtigen.

Was den Umgang mit Wasser anbelangt, so sollte darauf geachtet werden, verschmutztes Wasser nicht wegfließen zu sehen. Schließen Sie deshalb den Deckel der Toilette, bevor Sie spülen. Das Gleiche gilt für abfließendes Wasser in Waschbecken. Die Abflüsse sollten mit entsprechenden Abdeckungen versehen sein.

Wasser bringt Geld

Nach Auffassung der Chinesen führt das Element Wasser zu Reichtum und Wohlstand, denn Wasser bringt Nahrung, das heißt Fisch und Reis. Wasserenergie wird durch Springbrunnen, Aquarien, Teiche und durch Bilder mit diesen Motiven repräsentiert. Wasserenergie fördert den Geldfluss in einem Unternehmen. Günstigste Himmelsrichtung ist der Norden – vorausgesetzt es befinden sich keine weiteren Wasserquellen dort. Ein Zuviel an Wasserenergie nämlich führt zu Geldverschwendung.

Die Fünf Elemente bei der Raumgestaltung

Mehr Power im Büro durch Farbe.

Mit alltäglichen Gebrauchsgegenständen kann man den Energiefluss am Arbeitsplatz beeinflussen. Wenden Sie Ihr Wissen vom aufbauenden und zerstörenden Elemente-Zyklus an, um einen Ausgleich der Elemente herbeizuführen. Bei der Lösung von Problemen können Sie damit Energien erhöhen, stabilisieren oder schwächen. Überwiegt beispielsweise am Schreibtisch das Element Metall (graue Farbtöne), kann dieser Zustand durch das Element Wasser (blaue Farbtöne) abgeschwächt werden.

Die Anwendung der Fünf Elemente

Die Energie eines Elementes kann in reiner Form, zum Beispiel als eine Schale voll Wasser, an der entsprechenden Stelle platziert werden. Sie können aber auch Gegenstände benutzen, die ein bestimmtes Element repräsentieren, zum Beispiel rote Bürogegenstände für das Element Feuer. Am stärksten wirken Objekte, die Form und Material eines Elementes vereinen (siehe Tabelle). Die Wirkung der Objekte kann darüber hinaus durch die entsprechenden Elementefarben verstärkt werden.

Der Elemente-Zyklus

- Holz nährt Feuer und Erde zerstört Wasser.
- Feuer nährt Erde und Metall zerstört Holz.
- Erde nährt Metall und Wasser zerstört Feuer.
- Metall nährt Wasser und Holz zerstört Erde.
- Wasser nährt Holz und Feuer zerstört Metall.

Tabellenübersicht der Fünf Elemente

Element	Form	Farbe	Material	Sinn
Holz Osten, Südosten 	rechteckig, lang, dünn, vertikal, hoch	grün, hellgrün, dunkel- grün	Gras, Zweige, frische Blätter, hartes Holz, Bambus, Kork	Leben, Aktivität, Vitalität, Flexibilität, Vorwärts- streben
Feuer Süden 	Pyramide, dreieckig, spitz, gezackt	rot, hell- blau	Leder, Kunststoffe, Ziegenhaar	Begeisterung, Leidenschaft, Hitze, Ausdruck, Intellekt
Erde Südwesten, Nordosten 	quadratisch, breit, flach, horizontal, quer, niedrig	gelb, braun	Steine, Ziegel, Gips, Ton, Keramik, Naturfasern	Analyse, Komfort, Sturheit, Beständigkeit, Vernunft, Konsolidierung
Metall Westen, Nordwesten 	rund, oval, Kuppeln, Bögen, kreis- förmig	silber, gold, weiß, grau	Stahl, Kupfer, Messing, Gold, Silber, Chrom, glatter Stein	Solidität, Organisation, Führung, Militär, Gesetz, Reichtum
Wasser Norden 	asymmetrisch, amorph, un- regelmäßig	schwarz, dunkel- blau	Glas, Wasser	Beruhigung, Kraft, Tiefe, Verwandlung, Heilung, Spiritualität

Die Kompassrichtungen im Raum

Der passende Platz zur richtigen Tätigkeit

Wenn Sie ein Bürogebäude oder einen Arbeitsraum neu einrichten wollen, kann Ihnen die Gestaltung nach den Regeln der Acht Kompassrichtungen (Trigramme) einen enormen Wettbewerbsvorteil verschaffen. Das Ausüben von Tätigkeiten am energetisch passendsten Platz bewirkt einen harmonischen Arbeitsablauf, spart Zeit, Energie und sorgt für stressfreies Arbeiten. Die Regeln gelten im Großen wie im Kleinen. Mithilfe der Transparentvorlage (Seite 96) können Sie die Himmelsrichtungen auf das ganze Unternehmen, auf den einzelnen Raum oder auf die Anordnung der Gegenstände auf Ihrem Schreibtisch übertragen. Die Qualitäten der Himmelsrichtungen sind überall vorhanden. Wir haben in jedem Raum ein Zentrum und davon ausgehend die Himmelsrichtungen.

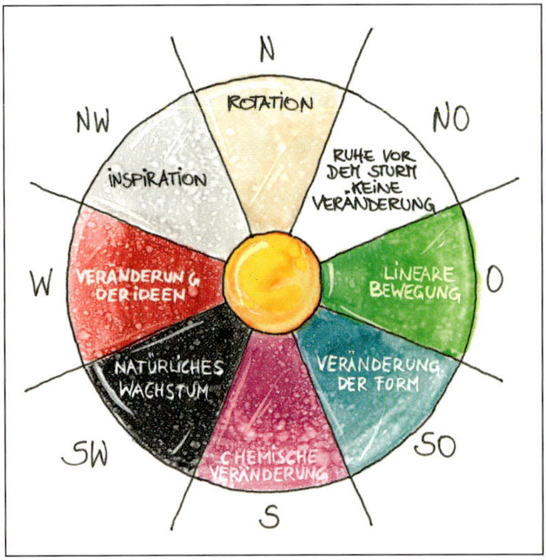

Wollen Sie bestimmte Ziele erreichen, richten Sie sich nach den Himmelsrichtungen.

Im Norden eines Gebäudes oder Raumes erledigen Sie alle Routinearbeiten oder Tätigkeiten, die mit Kommunikation und Öffentlichkeitsarbeit zu tun haben. Die Poststelle oder der Serverraum für die Computer sind dort richtig platziert.

Die Mitte eines Raumes

Bei der Einteilung eines Raumes nach den Kompassrichtungen kommt der Raummitte eine besondere Bedeutung zu. Hier herrscht die stärkste Energie. Sie wird dem Element Erde zugeordnet. Die Raummitte sollte von Einrichtungsgegenständen frei bleiben, so dass die Energie ungehindert wirken kann.

Der Nordosten ist der beste Platz für den Safe.
Der Osten steht für Publikumsverkehr – ist daher also auch ein idealer Eingangsort. Diese Richtung hat Einfluss auf den Neubeginn eines Unternehmens. Ebenso werden dort die Elektronik-, EDV- und High-Tech-Branche unterstützt.
Der Südosten stärkt die Medienbranche und Kommunikationszentren, wie Trainings- und Seminarhäuser. Er eignet sich darüber hinaus für das Aufstellen von Faxgeräten und Telefonen.
Der Süden sorgt für gute Öffentlichkeitsarbeit und Kundenkontakte.
Der Südwesten ist der geeignete Ort für die Personalverwaltung.
Im Westen finden Bereiche, wie Buchhaltung, Wirtschafts- und Steuerprüfung, Unterstützung.
Der Nordwesten ist der geeignete Platz für Vorgesetzte.

Den Grundriss erstellen

Um herauszufinden, welche Energien Ihren Arbeitsplatz am meisten beeinflussen, sollten Sie sich einen Grundriss des Gesamtgebäudes und einen Kompass besorgen. Bei der Feng-Shui-Analyse interessiert nicht nur der einzelne Arbeitsplatz, sondern auch, wie er mit dem Gesamtgebäude und seiner Umgebung in Zusammenhang steht.
Im Folgenden betrachten wir den Arbeitsplatz – entweder in Ihrem eigenen Büro oder in der Firma, in der Sie beschäftigt sind.
Wenn Sie keinen Grundriss haben, sollten Sie sich einen zeichnen. Am besten eignet sich dazu Millimeterpapier. Darauf lassen sich die Maße leicht übertragen. Nun zeichnen Sie einen groben, aber relativ maßstabsgetreuen Grundriss vom Gesamtgebäude. Notieren Sie sich alle Eingänge, Notausgänge und Fenster. Skizzieren Sie sämtliche Straßenverläufe, die das Gebäude umgeben. Berücksichtigen Sie auch Bäume, Litfaßsäulen, Straßenlaternen, Brunnen und sonstige Gebäude,

Berechnen Sie exakt mit dem Kompass.

wie Kirchen, Krankenhäuser oder Friedhöfe. Achten Sie darauf, ob das Gebäude von einer gegenüberliegenden Gebäudekante „attackiert" wird.

Auch Details im Grundriss sind wichtig

Ist das Firmengebäude so umfangreich, dass Sie es nur grob zeichnen können, genügt auch ein einfacher Grundriss. Tragen Sie in diesen Grundriss alle Möbel und Geräte (Computer, Drucker, Kopierer und Fax) ein, die sich im Raum befinden. Vergessen Sie auch Türen und Fenster nicht. Mauervorsprünge und tragende Säulen müssen ebenso berücksichtigt werden. Ist Ihr Büro rechteckig, so ist die Analyse leicht. Schwieriger zu erfassen sind Räume mit trapezförmigen oder unregelmäßigen Grundrissen wie zum Beispiel L-Formen.

Das Zentrum des Raumes finden

Verbinden Sie jetzt die Zimmerecken mithilfe eines Lineals so über die Diagonale, dass Sie im Grundriss die Raummitte finden. Bei unregelmäßigen Grundrissen kann es schwierig sein, die Raummitte auszuloten. In diesem Fall kleben Sie den Grundriss auf ein Stück dünnen Karton und schneiden die Umrisse aus. Neh-

TIPP!

So benutzen Sie einen Kompass

Einen Kompass bekommen Sie im Optikergeschäft, in der Brillenabteilung eines Kaufhauses, im Sportgeschäft oder bei einem Trecking-Ausrüster. Wählen Sie einen ölgebremsten Kompass. Seine Nadel beruhigt sich schneller.

- Legen Sie den Kompass mit den Ziffern nach oben auf die flache Handfläche.
- Die Kompassnadel zeigt immer nach Norden.
- Drehen Sie den Kompass so lange, bis die Nadelspitze mit dem Norden übereinstimmt.
- Drehen Sie sich jetzt so lange im Kreis, bis Ihre Blickrichtung, die Nadelspitze und der Norden auf dem Kompass eine Linie bilden.
- Nun blicken Sie genau nach Norden. Hinter Ihnen liegt der Süden, zur Ihrer rechten Seite der Osten und zur Ihrer linken Seite der Westen.

men Sie nun eine Nadel, und versuchen Sie den Karton auf der Nadelspitze zu balancieren. An der Stelle, an der er gerade auf der Spitze stehen bleibt, befindet sich der Mittelpunkt. Stechen Sie dort mit der Nadel ein.
Bei L-Formen kann es vorkommen, dass sich der Mittelpunkt außerhalb des Raumes befindet. In diesem Fall kleben Sie noch einen Karton und ein Transparentpapier über den Grundriss und zwar so, dass die L-Form zu einem Viereck ergänzt wird. Bestimmen Sie nun die Raummitte. Stellen Sie danach mithilfe eines Kompasses exakt den Norden im Raum fest, und tragen ihn vom Zentrum aus auf dem Plan ein. Legen Sie nun die Transparentvorlage auf den Grundriss. Bringen Sie jetzt die beiden Mittelpunkte sowie die Nordlinien übereinander, und übertragen Sie die Anteile der Himmelsrichtungen auf den Plan.

Das Zentrum und den Norden des Raumes finden.

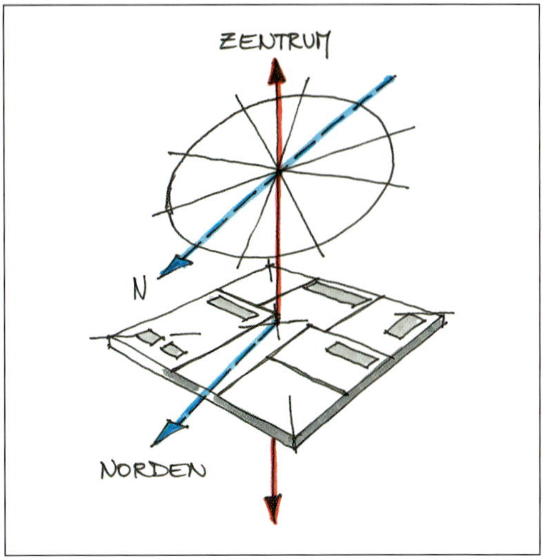

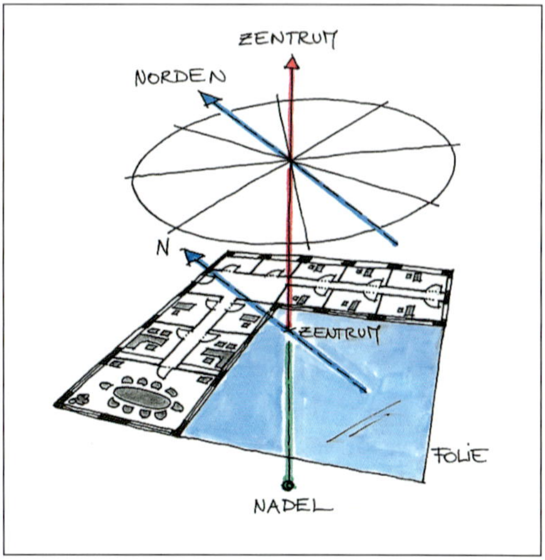

Nachdem Sie jetzt das Büro vermessen und auf dem Grundriss die Himmelsrichtungen eingetragen haben, gilt es zu ermitteln, wo der Büroraum innerhalb des Gesamtgebäudes liegt. Stellen Sie dazu die Himmelsrichtungen fest, die Ihren Büroraum umgeben. Sie spielen später bei der Beurteilung der Energieverteilung in Arbeits-, Büro- oder Geschäftsräumen eine bedeutende Rolle.
Im dritten Kapitel werden Praxisbeispiele unterschiedlicher Branchen aufgeführt, die die Erfolg versprechende Umsetzung der Feng-Shui-Regeln veranschaulichen.

Bei unregelmäßigen Grundrissen kann das Zentrum außerhalb des Raumes liegen.

Die Regeln für die beste Arbeitsposition

In fast jedem Raum findet sich ein optimaler Platz für Ihren Schreibtisch. Bei seiner Positionierung hilft Ihnen die Raumeinteilung nach den vier Haupthimmelsrichtungen. Auch bei Vorträgen und Verhandlungen geht es darum, den besten Platz zu finden.

Die vier Haupthimmelsrichtungen

Die vier Haupthimmelsrichtungen kommen aus der Formenschule und werden durch vier Tiere symbolisch dargestellt: Die Schwarze Schildkröte steht im Norden und garantiert den Rückenschutz. Der Grüne Drache liegt im Osten und spendet Kraft. Der Weiße Tiger befindet sich im Westen und fördert die Entspannung. Der Rote Phönix wohnt im Süden und steht für den freien Ausblick in eine erfolgreiche Zukunft. Ursprünglich wurden die vier Haupthimmelsrichtungen bei der Standortauswahl eines Gebäudes sowie bei der Einteilung der Landschaft verwendet. Inzwischen werden sie auch bei der Arbeitsraumgestaltung berücksichtigt.

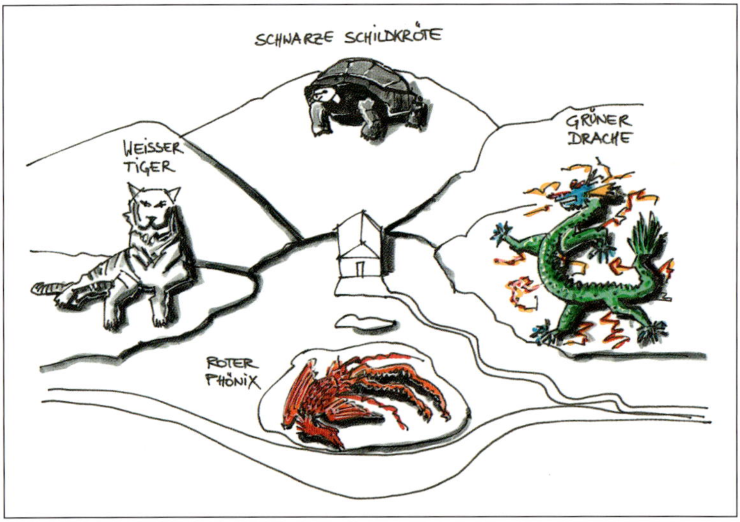

Die vier Himmelsrichtungen und ihre Symbole.

Die Power-Position

Der beste Platz für den Schreibtisch ist die Power-Position. An dieser Stelle sitzen Sie strategisch und energetisch richtig. Allerdings hängt es von der Raumgröße ab, ob Sie alle Bedingungen, die für einen guten Power-Platz erforderlich sind, auch umsetzen können.

Das Licht von der richtigen Seite

Richten Sie Ihren Arbeitsplatz nach den Regeln der vier Haupthimmelsrichtungen ein:

- Sitzen Sie mit dem Rücken zur Wand, so dass Sie den gesamten Raum überblicken können. Hinter dem Schreibtisch sollte sich eine glatte Wand befinden. Falls dort Schränke stehen, sollten diese geschlossene Fronten haben, um Kantenstrahlung (schneidendes Qi) im Rücken zu vermeiden.
- Sitzen Sie so, dass Sie alle Türen im Raum sehen können.
- Positionieren Sie zu Ihrer linken Seite etwas mehr und zu Ihrer rechten Seite etwas weniger Möbel.
- Platzieren Sie den Schreibtisch auf der Diagonalen zur Tür, damit Sie jederzeit sehen können, wer hereinkommt.
- Tageslicht sollte von links auf Ihren Schreibtisch fallen. Befindet sich das Fenster rechts von Ihnen, müssen Sie für ausreichende Beleuchtung sorgen.

So sitzen Sie richtig.

Die Sitzposition bei Besprechungen

Verhandlungen, Besprechungen und Vorträge sollte man immer in einer günstigen Position führen. Kontrolle über den Raum ist wichtig, um entspannt verhandeln und hervorragende Ergebnisse erzielen zu können:

- Bei Verhandlungsgesprächen, die zu Ihren Gunsten verlaufen sollen, ist der Platz mit Übersicht der beste (Kontrollposition).
- Sitzen Sie deshalb mit dem Gesicht zur Tür. Diese sollte am weitesten von Ihnen entfernt sein.
- Hinter der Kontrollposition sollte sich möglichst eine feste Wand befinden, um Rückenschutz zu haben.

Rückenschutz durch eine glatte Wand und Pflanze.

● Bei Vorträgen sollten Sie die Sitzordnung so gestalten, dass Sie an einer geschützten Stelle stehen können. Meiden Sie den Platz zwischen Fenster und Tür.

● Finden geschäftliche Besprechungen in einem Restaurant statt, sollten Sie auch hier Rückenschutz suchen.

Die No Noes

Für die richtige Arbeitsposition sollte man Folgendes beachten:

● Arbeiten Sie nicht an einem Schreibtisch, der sich in einem langen geraden Gang befindet. Dort wird schnelles Qi erzeugt, das Überforderung zur Folge hat.

● Sitzen Sie nicht mit dem Rücken zur Tür oder zum Fenster. In dieser Position fühlen Sie sich bedroht, da Hereinkommende nicht zu sehen sind.

● Sitzen Sie nicht in der Türlinie. Dort ist der Energiefluss ebenfalls

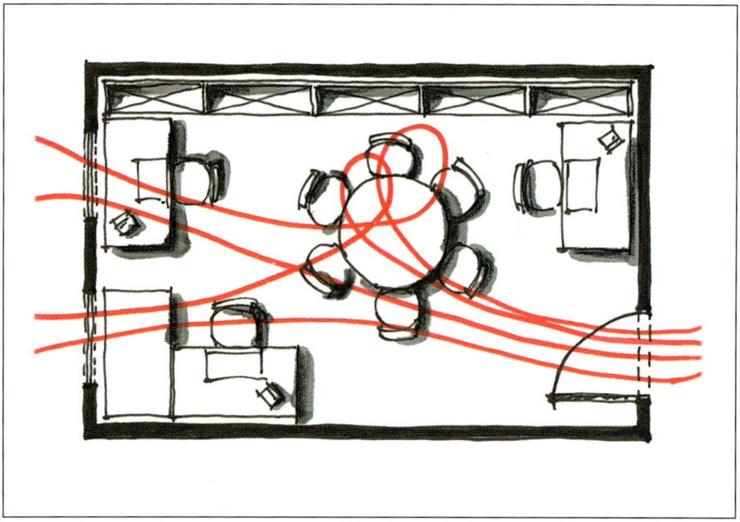

Die Energie geht hier buchstäblich „zum Fenster raus“.

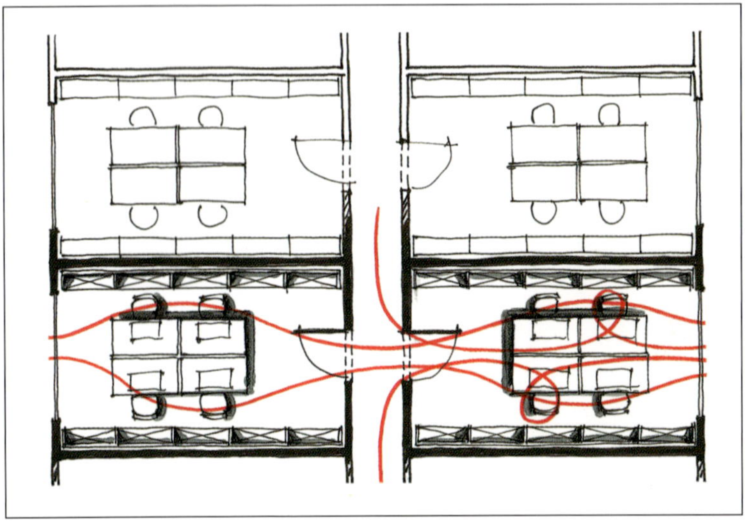

Gerade Linien erzeugen zu schnelle Energie.

zu schnell. Das führt zu mangelnden Leistungen.

- Arbeiten Sie nicht mit Blick zum Fenster. Das lenkt Sie vom Arbeiten ab. Besser ist es, das Fenster im seitlichen Blickfeld zu haben.
- Blicken Sie nicht auf eine Wand. Das blockiert die Gedanken. Schauen Sie erst recht nicht auf eine Pinnwand mit unerledigten Notizen. Das erzeugt innere Unruhe.
- Offene Regale im Rücken beeinträchtigen die Körperenergie.
- Achten Sie darauf, dass Möbelkanten nicht auf Sie gerichtet sind. Meiden Sie auch Kanten von tragenden Säulen oder Mauervorsprüngen.
- Ein Arbeitsplatz im Eingangsbereich oder in einem Durchgangszimmer ist ebenso ungünstig. Durch den Durchgangsverkehr wird die Konzentration beeinträchtigt. Auch hier ist eine geschützte Sitzposition wichtig.

Der Blick zum Fenster beeinträchtigt die Konzentration.

Feng Shui im Arbeitsalltag

Jetzt haben Sie die Grundlagen für die Veränderung eines Arbeitsraumes mithilfe von Feng Shui kennen gelernt. Beginnen Sie nun zu experimentieren. Gehen Sie dabei Schritt für Schritt vor. Überlegen Sie, welche beruflichen Ziele Sie haben, und lassen Sie sich bei der Realisierung dieser Ziele von den Energieflüssen des Universums unterstützen. Orientieren Sie sich an den Praxisbeispielen, und benutzen Sie diese als Anregung. Ich wünsche Ihnen dabei viel Erfolg!

Die beruflichen Ziele bestimmen

Durch die richtige Sitzposition erreichen Sie Ihre Ziele

Mithilfe des Fragenbogens auf den Seiten 84-91 können Sie prüfen, welche beruflichen Ziele Sie haben. Wenn es die Raumkonstellation erlaubt, sollten Sie die für Sie günstigste Blickrichtung (Himmelsrichtung) finden, die Sie bei der Verwirklichung Ihrer Ziele unterstützt. Das gilt nicht nur für den Sitzplatz an Ihrem Arbeitsplatz, sondern auch für die Sitzposition bei Verhandlungen, Besprechungen und Vorträgen. Tragen Sie zu Beginn Ihrer Feng-Shui-Experimente einen kleinen Taschenkompass bei sich. Zur Bestimmung der Himmelsrichtungen können Sie sich natürlich auch am Sonnenstand oder an der Tageszeit orientieren. Mit der Zeit werden Sie ein Gefühl für die unterschiedlichen Himmelsrichtungen entwickeln, denn wer sich mit Feng Shui beschäftigt, sensibilisiert seine Sinne für die Umgebung. Um Feng Shui anzuwenden, stehen Ihnen zahlreiche Möglichkeiten für alle Bereiche des täglichen Lebens zur Verfügung. Jede noch so kleine Veränderung, die Sie vornehmen, hat bereits eine Wirkung. Haben Sie sich für ein Ziel entschieden, dann müssen Sie alles tun, um dieses auch zu erreichen. Damit bündeln Sie alle Kräfte.

Bei der Umsetzung von Feng Shui sind manche Maßnahmen wichtiger, manche weniger wichtig. Gehen Sie nach Möglichkeit aber nach den folgenden Empfehlungen vor:

- Sitzen Sie nicht im Durchzug zwischen Tür und Fenster.
- Sitzen Sie mit dem Rücken zur Wand, so dass Sie den ganzen Raum überblicken können. Sitzen Sie in einem Großraumbüro mit dem Rücken zu einem Raumteiler.
- Gewinnen Sie Kontrolle über den Raum (Power-Position).
- Blicken Sie in die Himmelsrichtung, die Ihre Ziele unterstützt.
- Organisieren Sie Möbel und Geräte nach den Regeln der Acht Kompassrichtungen.
- Balancieren Sie Unstimmigkeiten mithilfe der Fünf Elemente aus.

Sinnvolle Prinzipien

Ordnen Sie die Gegenstände auf dem Schreibtisch so an, dass sie mit den Acht Himmelsrichtungen in Harmonie sind.

Der Schreibtisch für den Erfolg

Der Energiefluss an Ihrem Arbeitsplatz wird nicht nur vom Raum beeinflusst, in dem Sie arbeiten, sondern auch von den Acht Kompassrichtungen. Übertragen Sie diese auf Ihren Schreibtisch. Ordnen Sie dort alle Gegenstände so an, dass sie mit den acht Himmelsrichtungen in Harmonie sind. Wenn Sie zum Beispiel mit dem Rücken zu einer Nordwand sitzen, dann ist Ihr Blick nach Süden gerichtet. Diese Richtung unterstützt Sie auf Ihrem Weg zu Ruhm und Anerkennung. Auch Ihre Leistungen werden dort gefördert. Das ist sehr wichtig, wenn das berufliche Fortkommen eines Ihrer Ziele ist. Die linke vordere Ecke Ihres Schreibtisches (Nordosten) ist die Richtung, die für die Motivation steht. Platzieren Sie dort einen Gegenstand, der Sie zu mehr Leistung anspornt. An der linken Seite (Osten) können Eingangs- und Ausgangskörbchen stehen oder Ihr Unterschriftenordner liegen. Das Telefon kommt in den Südosten, der für bessere Kommunikation steht. Im Süden sind Auszeichnungen und Preise gut aufgehoben. Der Westen ist die

Das Erdelement wird durch rote Farbtöne zusätzlich unterstützt.

Richtung für die Scheckformulare oder Bankauszüge. Der Nordwesten eignet sich sehr gut für den Timer oder das Notebook. Für alle anderen Sitzrichtungen gehen Sie ebenfalls nach den Acht Kompassrichtungen vor.

Der Erfolgsstandort für die Branche

Für jede Branche gibt es einen günstigen Standort (Himmelsrichtung), der zum Erfolg eines Unternehmens beiträgt. Wie wir wissen, ist jede Himmelsrichtung mit einem der Fünf Elemente verbunden, das die entsprechende Richtungsqualität zusätzlich unterstützt. So wird zum Beispiel einer Gärtnerei das Element Holz zugeordnet, einer Stahlfabrik das Element Metall und einem Restaurant das Element Erde. Daraus ergibt sich die Zuordnung der verschiedenen Geschäftszweige zu den Himmelsrichtungen.

Wenn Sie zum Beispiel Immobilienmakler sind, dann ist der Südwesten der richtige Standort für Ihr Büro, denn Erde ist das passende Element für diese Branche, die sich im weitesten Sinne mit Erde beziehungsweise mit Grundstücken beschäftigt. Sie können die Energie in dieser Himmelsrichtung noch mehr verstärken, indem Sie die Bürowände im Süden, Südwesten, Westen, Nordwesten oder Nordosten in der Farbe Gelb streichen. Auch ein Bild das rote Farbtöne enthält, können Sie dort aufhängen. Die genannten Himmelsrichtungen entsprechen dem Element Erde oder stehen mit diesem Element in harmonischer Beziehung.

Die nebenstehende Tabelle zeigt Ihnen nun die günstigste Himmelsrichtung für Ihren Geschäftszweig auf.

Die acht Kompassrichtungen bestimmen den Erfolg

Osten (Holz)
Elektronik- und EDV-Branche, Energieversorgung, Ingenieurwesen, Forschung und Entwicklung, Hochtechnologie, Wissenschaft

Südosten (Holz)
Kommunikationswesen, Medien- und Musikbranche, Verlagswesen, Journalismus, Vertrieb, Transportwesen, Reisebüros, Trainingscenter

Süden (Feuer)
Werbung, Öffentlichkeitsarbeit, Marketing, Vertrieb, Mode, Strafrecht, Gas- und Erdölbranche

Südwesten (Erde)
Bekleidungsindustrie, Immobilien, Personalberatung, Personalwesen, Landwirtschaft, Nahrungsmittelindustrie, Haushaltwaren, Kindertagesstätten

Westen (Metall)
Steuerprüfung, Buchhaltungsbüros, Banken, Kreditgeber, Schmuckindustrie, Unterhaltungsbranche, Drogerien und Parfümerien

Nordwesten (Metall)
Uhrenherstellung, Stahl- und Metallverarbeitung, Technisches Ingenieurwesen, Unternehmensberatung, Politik

Norden (wasser)
Wasser- und Abwasserwirtschaft, Nachrichtentransfer, Getränkeindustrie, Getränkemärkte, Medizin, Naturheilkunde

Nordosten (Erde)
Gebäudemanagement, Hoch- und Tiefbau, Vermögensberatung, Börsenmakler, Investmentberatung, Sport & Spiel

Der Nordwesten steht für gute Entscheidungen und positive Ergebnisse.

Das Chefbüro

Ob der Geschäftsführer einer Firma das Unternehmen erfolgreich führt, hängt nicht nur von seinen beruflichen Qualifikationen und Erfahrungen ab, sondern auch davon, wo sich sein Büro innerhalb des Firmengebäudes befindet und in welchem Teil des Raumes er sitzt. Nachdem die Inspiration dem Nordwesten zugeordnet wird, ist das die richtige Himmelsrichtung. Dort werden gute Entscheidungen getroffen und positive Ergebnisse erzielt. Befinden sich beispielsweise alle Büroräume auf einer Etage, so sollte auch hier der nordwestlich gelegene Bereich dem Geschäftsführer vorbehalten sein.

Noch günstiger ist es, wenn das Chefbüro auf der Diagonalen zum Firmen- oder Büroetageneingang liegt (Power-Position). Die Sitzposition sollte natürlich auch nach diesem Prinzip ausgerichtet sein. Achten Sie vor allem auf Rückenschutz, und dass Sie nicht im Durchzug zwischen Tür und Fenster sitzen. Die Eingangstür zum Chefbüro sollte im Verhältnis zu allen anderen Büroraumtüren etwas größer sein. Dadurch wird Stärke und Kompetenz demonstriert.

Das Inventar verstärkt die Richtung

Die Qualität eines Arbeitsplatzes kann mit Einrichtungsgegenständen entsprechend der Fünf Elemente und dem Prinzip von Yin und Yang zusätzlich verstärkt werden. Nachdem dem Nordwesten das Element Metall zugeordnet wird, sollten Sie Einrichtungsgegenstände auswählen, die das Element in Form und Farbe unterstützen.

Elemente, Farben und Formen sollten miteinander harmonieren

In einem Chefbüro empfiehlt sich daher zum Beispiel ein weißer oder leicht grauer Wandanstrich sowie runde Möbel und graue Teppichböden. Die Farben Gelb und Schwarz harmonisieren ebenfalls mit dem Metallelement und sind zum Einrichten gut geeignet. Schwere Teppiche und

Vorhänge zum Beispiel erzeugen Yin-Qualität, die sich jedoch auf einen temperamentvollen Geschäftsführer beruhigend auswirkt. Parkett- oder Steinfußböden sowie ein karger Einrichtungsstil produzieren Yang-Qualität. Jedoch ist diese Art von Energie in Arbeitsräumen sogar erwünscht, da sie die Raumatmosphäre und somit die entsprechende Tätigkeit aktiviert. Achten Sie in jedem Fall darauf, dass alle Fünf Elemente im Raum verwendet werden, und dass ein Ausgleich zwischen Yin und Yang stattfindet. Wenn Sie in Ihrer beruflichen Laufbahn Auszeichnungen und Urkunden erhalten haben, so sollten diese Zertifikate im Raum einen Platz finden. Die Südwand, die für Ruhm und Anerkennung steht, ist dafür gut geeignet. Falls Sie Finanzangelegenheiten bearbeiten, so können Sie die entsprechenden Dokumente oder Unterlagen dafür im Westen des Raumes ablegen. Lichtquellen im Nordwesten unterstützen das Element Erde, wodurch der Wettbewerb gefördert wird.

Die Südwand – der Platz für Urkunden und Auszeichnungen

Mit einem Aquarium im Südosten wird nicht nur die Raumatmosphäre beruhigt, sondern auch Ihre Kommunikationsfähigkeit sowie das Element Holz unterstützt. Diese Holzenergie hilft beim Expandieren.

Gute Richtungen für Chefs

- Ein Sitzplatz im Nordwesten des Raumes mit der Blick nach Südosten ist günstig für ein bereits etabliertes Unternehmen. Entscheidungen fallen in dieser Richtung leicht und sind für alle Mitarbeiter transparent.
- Ein Sitzplatz im Westen mit der Blickrichtung nach Osten fördert die Umsetzung von Ideen. Diese Richtung steht für den schnellen Start und die Gewinnoptimierung.
- Sitzen im Norden mit der Blickrichtung nach Süden fördert den Scharfsinn und macht klare Gedanken. Darüber hinaus wird die Leidenschaft an der Sache gefördert – eine gute Sitzposition für Führungskräfte aus den Bereichen Mode, Marketing und Öffentlichkeitsarbeit.
- Sitzen im Südwesten mit der Blickrichtung nach Nordosten hilft, gute Investitionen zu tätigen. Diese Himmelsrichtung fördert zudem den Wettbewerbsgedanken.

Der Konferenzraum

Eine bestimmte Blickrichtung kann die entsprechende Funktion eines Konferenzteilnehmers stärken.

Wenn Sie Einfluss auf die Gestaltung des Konferenzraumes haben, dann sollten Sie ebenfalls nach den Acht Kompassrichtungen vorgehen. Die günstigsten Himmelsrichtungen dafür sind der Nordwesten und der Südosten. Prinzipiell ist zu sagen, dass sich jeder Raum so einrichten lässt, dass jeder Gesprächsteilnehmer am Tisch in die, seine Funktion unterstützende Himmelsrichtung blicken kann. Wählen Sie für eine flexible Sitzordnung einen runden, ausziehbaren oder ovalen Tisch aus. Auch ein achteckiger Tisch gewährleistet einen guten Blickkontakt. Der Tisch sollte einfach sein und aus Holz bestehen. Glastische sind unter Feng-Shui-Gesichtspunkten nicht geeignet. Ein Teppichboden in den Farben Grau, Dunkelgelb, Braun oder Beige dämpft die Raumenergie. Ein Stein- oder Holzfußboden hingegen aktiviert den Energiefluss. Dunkelblaue Stuhlbezüge unterstützen die Kommunikation und Kreativität.

Die Form des Tisches

Legen Sie die Sitzordnung einmal für einen bestimmten Zeitraum fest, und beobachten Sie die Ergebnisse. Wird ein Teilnehmer mit der Zeit für das Team zu ak-

tiv, dann sollten Sie Ihre Kenntnisse über den Kreislauf der Fünf Elemente anwenden und diese Energie reduzieren. Das Gleiche gilt für einen Gesprächsteilnehmer, der zu wenig motiviert ist. Wählen Sie in diesem Fall besser einen Platz mit der Blickrichtung nach Süd-Südost aus.
Nachfolgend wird aufgelistet, mit welcher Blickrichtung Führungskräfte entsprechend ihrer Funktion unterstützt werden.

Die Blickrichtung macht's

Blickrichtung nach Osten

Dieser Platz ist für den Technischen Direktor oder den Leiter der EDV-Abteilung geeignet.
Er stimmt positiv und wirkt anregend.

Blickrichtung nach Südosten

Hier sollte das obere Management positioniert sein. Die Südostenergie hilft, Unternehmensziele klar zu formulieren und durchzusetzen. Ein Platz im Nordwesten mit Blickrichtung nach Süden fördert die Führungseigenschaften und das Verantwortungsbewusstsein.

Blickrichtung nach Süden

Diese Position ist für den Marketingleiter oder den Chef der Verkaufsabteilung geeignet. Auch die Öffentlichkeitsarbeit wird hier unterstützt. Der Platz verstärkt das extrovertierte Handeln.

Blickrichtung nach Südwesten

Personalchefs und Abteilungsleiter für den Kundenservice sind für diese Blickrichtung prädestiniert. Die Südwestenergie sorgt für harmonische Kundenbeziehungen und natürliches Wachstum.

Blick nach Westen

Diese Richtung steht für die Konzentration auf die Finanzen und sollte deshalb Führungskräften aus der Finanzabteilung vorbehalten sein.

Blickrichtung nach Nordwesten

Das ist der Platz für den Geschäftsführer. Die Nordwestenergie sorgt für verantwortungsvolles Handeln und klare Strukturen.

Blickrichtung nach Norden

Dieser Platz ist für den Leiter des Verwaltungswesens gedacht. Flexibilität und Klarheit werden gefördert.

Blickrichtung nach Nordosten

Vorgesetzten hilft dieser Platz, Gewinn zu machen.

Auf den folgenden Seiten werden Ihnen nun vier Beispiele aus der Praxis vorgestellt, die die Anwendung der verschiedenen Feng-Shui-Regeln noch verständlicher machen soll.

Nun zur Praxis

Die Praxisbeispiele

Die Kosmetikkabine

Vorher: In einem Kaufhaus liegt die Kosmetikkabine im Nordwesten des Hauses. In unmittelbarer Nähe befindet sich die Wäsche- und Dessousabteilung. Die ganze Abteilung erstreckt sich über den Westen, Nordwesten, Norden, Nordosten (Yin) und Osten des Hauses. Die Eingänge befinden sich an den umliegenden Straßen der Fußgängerzone im Osten und Westen. Bedingt durch die Fußgängerzone, fließt die Energie relativ gleichmäßig. Der Autoverkehr beschränkt sich lediglich auf den Lieferanten- und städtischen Busverkehr. Nachdem das Kaufhaus mitten im Zentrum der Stadt liegt,

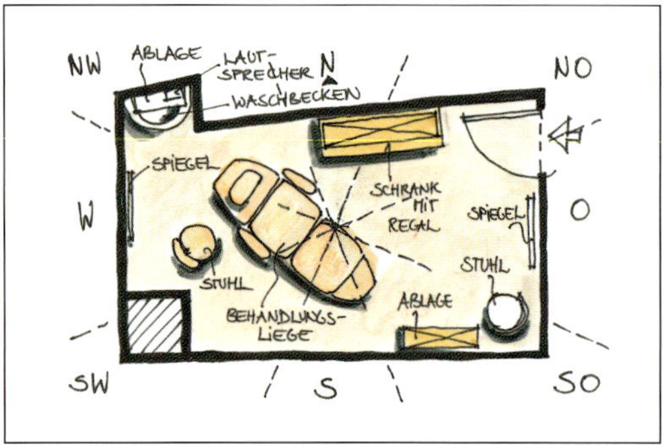

Grundriss vorher.

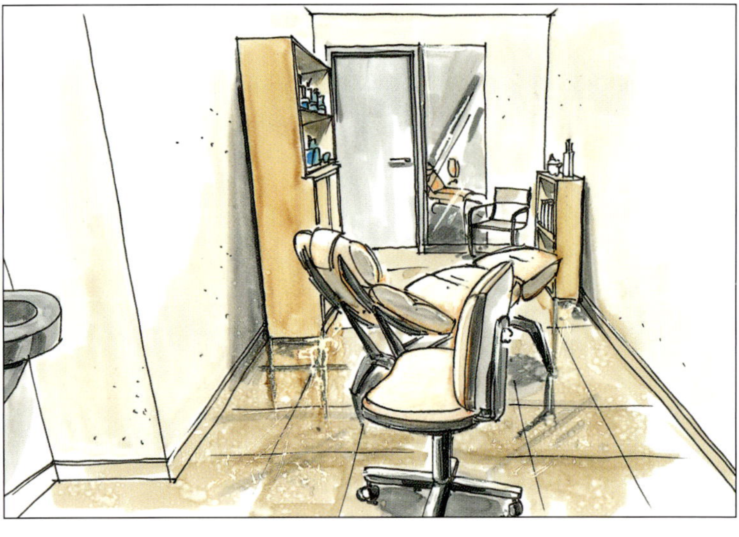

Perspektive vorher.

herrscht dort starke Erdenergie. Betrachten wir zunächst einmal die Kabinenlage im Kaufhaus. Die Nordseite des Kaufhauses grenzt an Nachbarhäuser. Es gibt also relativ wenig aktive Nordenergie. Das Kaufhaus ist ein Bekleidungshaus und erstreckt sich jeweils zu vier Füntel an der Ost- (Yang) und Westseite (Yin) sowie der kompletten Südseite des Gebäudekomplexes. Das Bekleidungshaus ist bekannt für seine gute Werbung. In Sachen Mode gilt es als Trendsetter. Darüber hinaus engagiert sich das Unternehmen für soziale Einrichtungsstätten der Stadt. Der Haupteingang zeigt in die Richtung Südwesten.

Zielsetzung

Die Kabine soll neu eingerichtet werden, wobei alle Einrichtungsgegenstände nun auch an den richtigen Platz kommen sollen. Der Raum hat keine Fenster und verfügt somit über kein Tageslicht. Es gibt nur einen Wasseranschluss. Die dort vertriebenen Produkte sind gerade neu auf den Markt gekommen. Die Zeichnungen auf Seite 52 zeigen den Einrichtungsvorschlag einer Messebaufirma, der folgende Vorgaben berücksichtigen sollte: Heilung und Entspannung für die Kundin, stressfreies Arbeiten für die Kosmetikerin sowie Verkaufserfolg und Promotion für die Produkte. Hätte man diesem Vorschlag Folge geleistet, so wäre die Kosmetikerin den ganzen Tag dem schneidenden Qi der Ablagekanten und der Einbuchtung am Waschbecken ausgesetzt gewesen. Zusätzlich wären sowohl die Kosmetikerin als auch die Kundin von der reflektierenden Energie der beiden Spiegel attackiert worden. Das Regal mit den Produkten steht im Norden. Das dient zwar der Regeneration des Geschäftszweiges, ist aber für den Verkaufserfolg nicht förderlich. Die Eingangstür im Nordosten wäre für den Neustart der Kosmetikkabine hinderlich gewesen, da sie wenig Publikum angezogen hätte. Das Waschbecken wäre jedoch am richtigen Platz gewesen.

Reflektierende Energie durch Spiegel

Feng Shui beeinflusst die Raumatmosphäre

Feng Shui funktioniert als ganzheitliches System. Wenn wir innerhalb eines Raumes etwas verändern wollen, beeinflussen wir damit das gesamte energetische Gefüge. So können Sie zum Beispiel mit der Anordnung von Einrichtungsgegenständen eine behagliche oder unbehagliche Raumatmosphäre schaffen – je nachdem, wo Sie diese Gegenstände platzieren.

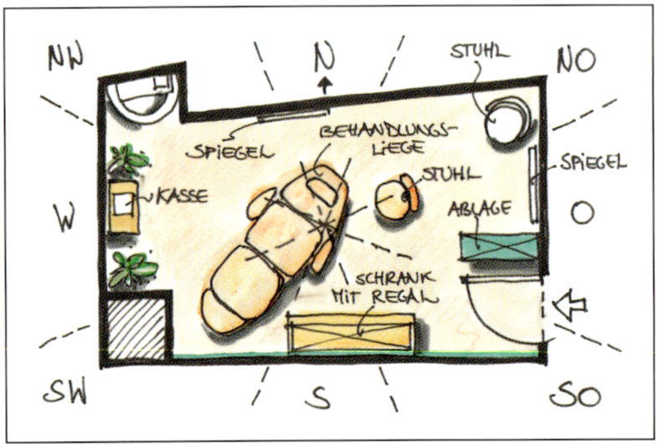

Grundriss nachher.

Nachher: Die Eingangstür wurde in den Südosten verlegt, der für kontinuierliches Wachstum steht. Hinter dem Türanschlag befindet sich die Ablage für die Behandlungsprodukte (Holz). Durch seine Positionierung entsteht für die Kundin ein geschützter Platz. Durch die im Osten und Norden angebrachten Spiegel wird die Raumenergie verstärkt. Der Spiegel im Osten reflektiert die Kasse, die zwischen zwei roten Pflanzen in Metalltöpfen (Gewinn) steht. Im Süden steht das Holzregal mit den Verkaufsprodukten. Der Süden ist der Platz für Schönheit. Das Kopfende der Liege wurde in den Norden gedreht, der für Heilkraft steht. Die Südwand und die Ablage im Osten wurden in der Produktfarbe Grün gestrichen. Das Cremeweiß der anderen Wände harmoniert mit den dortigen Himmelsrichtungen.

Perspektive nachher.

Die Allgemeinarzt-praxis

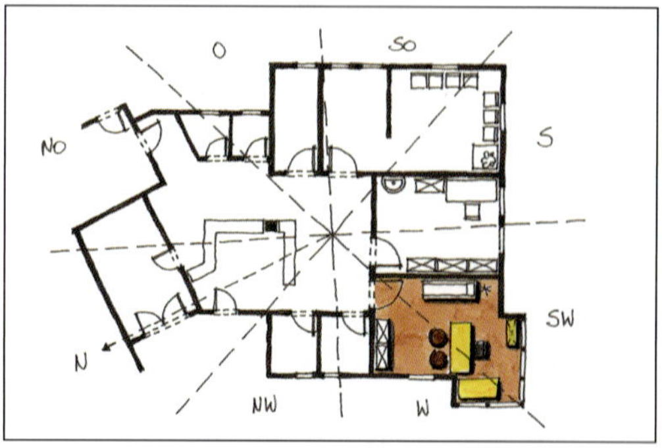

Grundriss vorher.

Vorher: Das Haus, in dem sich die Praxis befindet, liegt in einem größeren Vorort an einer Hauptstraße. Der Eingang zum Haus zeigt nach Osten, der Eingang zur Praxis nach Norden. Also eine günstige Himmelsrichtung für eine Arztpraxis, denn der Norden steht für große Heilkraft.
Vor der Beratung hielt sich der Arzt vorwiegend in einem Behandlungsraum im Westen (Yin) auf. Dort saß er in einer Nische mit dem Rücken zu zwei großen Fensterfronten. Der Schreibtisch lag im Durchzug zwischen der Tür und den beiden Fensterfronten. Der Arzt klagte über Überlastung, Stressgefühle und mangelnde Konzentrationsfähigkeit. Auf den beiden Schreibtischen

Perspektive vorher.

türmten sich die Akten und Berge von Prospektmaterial. Die Praxis lief eher schlecht als zufriedenstellend. Der Anteil an Privatpatienten war sehr gering. Es gab ein separates Wartezimmer für Kinder im Südosten (Yang) und ein Wartezimmer für Erwachsene im Süden und Südosten (Yang). Ein weiterer Behandlungsraum befand sich im Südwesten (Yin). Die Räume waren mit speziellen Möbeln in den Farben Gelb, Braun und Ocker eingerichtet. Sie stammten noch aus den 70er Jahren. Der Aufenthaltsraum mit integrierter Kaffeeküche und einem Wasseranschluss im Norden sowie die zwei Toiletten im Osten lagen jedoch günstig. Zwei, in den Farben Weiß eingerichtete Räume für medizinische Geräte, waren ohne Bedeutung für die Beratung.

Sorgen Sie für eine entspannte Atmosphäre

Ein Aquarium im Wartezimmer schafft für Patienten eine entspannte Atmosphäre. Vor allem Kinder werden dadurch abgelenkt und vergessen meist die Angst vor dem Arzt. Gleichzeitig sorgt die Bewegung des Wassers für einen kontinuierlichen Patientenstrom.

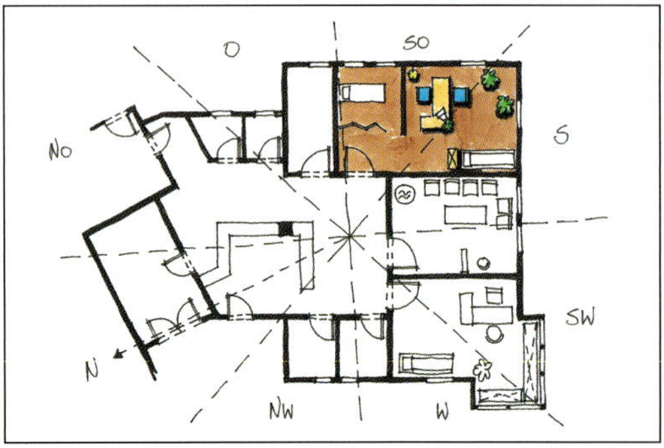

Grundriss nachher.

Nachher: Ausgetauscht wurden die Warte- und Behandlungsräume. Die Möbel wurden wegen der guten Qualität beibehalten, aber in der Farbe verändert. Aus dem Kinderwartezimmer wurde ein Raum für Kurzzeitbehandlungen, wie Akupunktur und Bioresonanzanalyse. Darüber hinaus wurde ein zusammenklappbarer Relaxstuhl angeschafft, der den Raum optisch größer erscheinen ließ. Die gelben Einbaumöbel an der Südostwand wurden grün gestrichen. In der Südecke wurde eine Stehlampe aufgestellt, um eine entspannte, freundliche Atmosphäre zu schaffen. Der Hauptbehandlungsraum wurde in das ehemalige Wartezimmer für Erwachsene verlegt. Hier wurden neue Möbel angeschafft. Die Wahl fiel auf helles Holz (kontinuierliches Wachstum) mit dunkelblauem Dekor. Die Stühle erhielten dazu passende blaue Bezüge. Auch die Sitzposition des Arztes wurde ver-

Perspektive nachher.

ändert, so dass er jetzt mit dem Rücken zu einer glatten Nordwand und mit Blick nach Süden sitzt. Die Behandlungen finden nun in den Yang-Räumen der Praxis statt. Die Behandlungsliege wurde so platziert, dass die Patienten mit dem Kopf in Richtung Norden (Heilenergie) liegen können. Die Liege wird durch einen Paravent zur Tür hin verdeckt. Vor den beiden Fensterfronten stehen zwei mittelhohe Birkenfeigen, die die Raumluft energetisieren. In dem neuen Wartezimmer im Südwesten, der für natürliches Wachstum steht, wurde der Teppichboden durch einen pflegeleichten Parkettboden ersetzt. Die Stühle mit beigen Bezügen vermitteln ein Gefühl der Wärme und Geborgenheit. In der Ecke des Südostens wurde ein kleiner Wasserbrunnen (Wohlstand) installiert, den ein Pflanzenarrangement schmückt. Auch für die jüngeren Patienten wurde gesorgt. Durch ein Regal zum Eingang hin, entstand an der Westseite (Erwachen kindlicher Freude) eine abgeschirmte Spielnische. Kurz nach der Umsetzung der Feng-Shui-Maßnahmen vermehrte sich die Anzahl der Patienten um neun Prozent. Der Trend hat sich bis heute gehalten.

Rückendeckung und freier Blick

Die Medienagentur

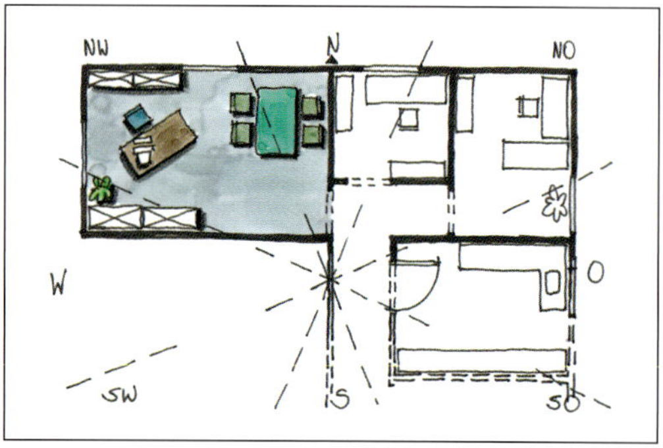

Grundriss vorher.

Vorher: Die Medienagentur liegt in einem ländlichen Wohngebiet in einem Vorort einer Großstadt. Der Eingang des Firmengebäudes zeigt ungünstigerweise nach Westen. Der Bereich Film und Videoproduktion, das Hauptstandbein des Unternehmens, kränkelt seit dem Umzug von der Großstadt (Stadtmitte) aufs Land.
Der Eingangsbereich des Gebäudes wirkt düster und abweisend. Hinter der Eingangstür führt eine Treppe direkt in den Keller. Der Eingang der Agentur zeigt nach Süden, was für diese Branche von Vorteil ist. Allerdings ist der Flur, der zu den Arbeitsräumen führt, dunkel und wenig ansprechend. Das ganze Büro ist mit einem graugrünen Teppichboden ausgelegt. Die drei Haupträume für die Kundenakquise, das Briefing

Perspektive vorher.

und die Produktionsüberwachung liegen an der Yin-Seite des Gebäudes, wobei die Yang-Seite für diese Bereiche viel besser geeignet gewesen wäre. In den wenigen Yang-Räumen der Agentur liegen die Küche und das WC. Vor der Beratung stand der Schreibtisch des Firmenchefs im Durchzug zwischen Tür und Fenster. In der geschütztesten Ecke war der Besprechungstisch für vier Personen platziert. Der Firmenchef selbst saß zwischen zwei Fenstern. Die Kanten der Ablageschränke und der Fenstereinfassung zeigten direkt auf seinen Rücken. Das Mobiliar bestand aus schwarzen Metallschränken, einem Metallschreibtisch mit Holzplatte sowie einem Besprechungstisch mit grüner Tischplatte und Metallgestell. Alle Räume waren in Weiß gestrichen.

Bedeutung der Farben

Farben haben einen großen Einfluss auf den Erfolg eines Unternehmens. Sie können Mitarbeiter bei der Arbeit unterstützen oder ablenken sowie Kunden anziehen oder fernhalten. Welche Farben (siehe Seite 33) für welches Unternehmen günstig sind, hängt von der Branche (siehe Seite 47) ab.

Situationsanalyse

Durch die Lage der Arbeitsräume (Westen, Nordwesten und Norden) liegen zu wenig Yang-Aspekte vor. Darüber hinaus gibt es einen Überschuss an Metall- (Einrichtungsgegenstände) und Wasserenergie (Farben). Das Holzelement, das für kontinuierliches Wachstum steht, fehlt. Auch die Elemente Feuer (Aktivität) und Erde (Neubeginn) sind bei der Gestaltung nicht bedacht worden.

Arbeitsbereiche in andere Räume verlegen

Nachher: Der Computerraum und der Raum für die Leuchttische wurden ausgetauscht. Der Computerraum befand sich nun im Norden (Rotation). Die Mitarbeiter hatten nun in beiden Räumen die Möglichkeit, mit dem Rücken zur Wand sitzen zu können. Im Büro des Firmenchefs wurde der Besprechungstisch vor das Fenster gestellt, um die Energie im Raum besser halten zu können. Auf der Fensterbank des Westfensters wurden rote Blumen in Metalltöpfen aufgestellt. Neben die Ablageschränke kamen grüne Pflanzen. Es wurden bewusst Palmen ausgewählt, da diese Pflanzen in der Lage sind, Kantenstrahlung aufzunehmen

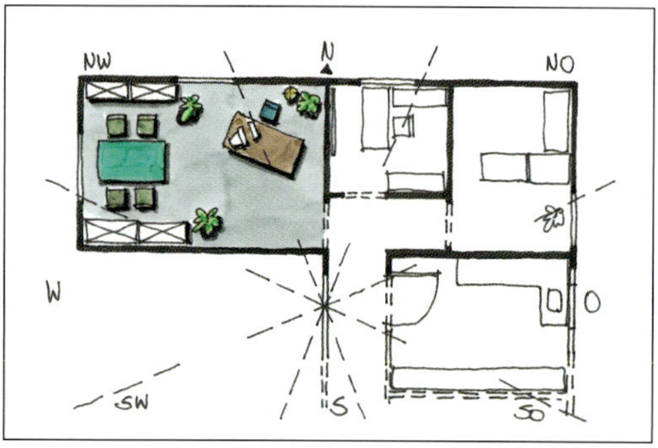

Grundriss nachher.

und im Raum verändert (Feuer) zu verteilen. Die Südwand des Besprechungsraumes wurde in der Farbe Rot (Aktivität) gestrichen. Der Schreibtisch des Firmenchefs erhielt seinen Platz in der Nordostecke des Raumes (Wettbewerb). Die Ecke hinter dem Schreibtisch wurde durch einen Deckenfluter aktiviert, der auch tagsüber sein Licht abgeben sollte. Die Süd- und Südostwand des Flures wurde in der Farbe Grün gestrichen (Holz nährt Feuer). Der Durchgang zum Flur wurde durch einen Vorhang aus Holzperlen verdeckt. Im Flur selbst wurden mehr Lichtkörper installiert. Die Westwand erhielt ebenfalls einen roten Anstrich. Die Länge des Ganges wurde durch zwei Punktstrahler optisch unterbrochen, die direkt auf zwei große Präsentationsfolder der Agentur gerichtet wurden.

Perspektive nachher.

Das Büro der Abteilungsleiterin

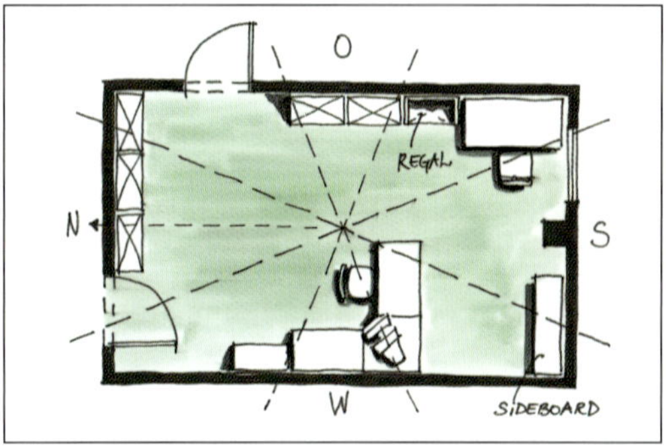

Grundriss vorher.

Die Abteilungsleiterin war seit zwei Jahren für ein großes Unternehmen in der Abteilung Öffentlichkeit freiberuflich erfolgreich tätig. Der Job machte ihr sehr viel Spaß. Auch die Bezahlung war zufriedenstellend. Doch ihr größter Wunsch war eine Festanstellung in der Firma. Darüber hinaus strebte sie eine verantwortungsvollere Tätigkeit mit langfristiger Perspektive an. Auch das Bedürfnis nach mehr Anerkennung seitens ihrer Kollegen und die Unterstützung durch ihre Vorgesetzten gehörten zu ihren beruflichen Zielen.

Die Möbel ihres Büros durften farblich nicht verändert werden, denn sie gehörten zur Unternehmensidentität.

Grundriss vorher.

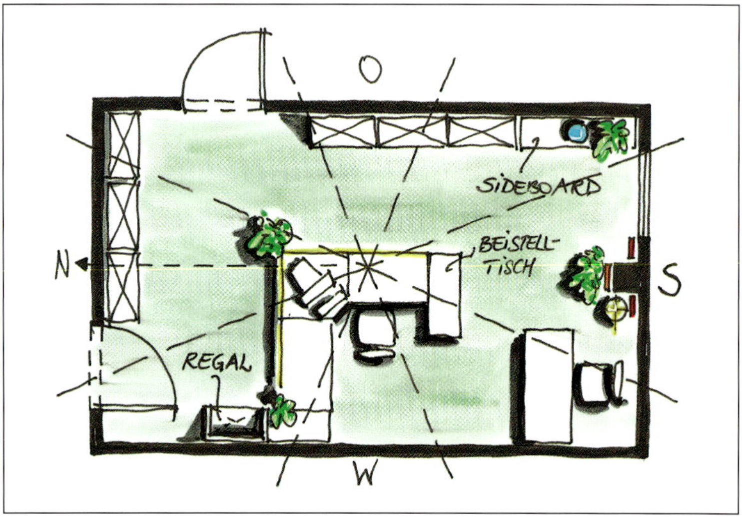

Grundriss nachher.

Das Büro der Abteilungsleiterin befand sich, ausgehend vom Gesamtgebäude, auf der Südseite – eine günstige Position für die Bereiche Öffentlichkeitsarbeit, Marketing und Vertrieb. Das Büro selbst lag an der Ost- und Westseite in der Mitte eines langen Ganges. Dieser lief direkt auf ein Fenster zu. Die Türe, die dem Büro genau gegenüber lag, führte in das Zimmer des Firmenchefs.

Rückenschutz und Farbgebung

Sowohl die Abteilungsleiterin als auch der Firmenchef saßen ohne Rückenschutz im Durchzug zwischen Tür und Fenster.

Das Büro der Abteilungsleiterin war mit grauweißen Möbeln eingerichtet, die Wände in leuchtendem Weiß gestrichen und der Teppichbodens graugrün meliert. Die Abteilungsleiterin blickte an ihrem Schreibtisch nach Südwesten (harmonische Kundenbeziehungen und natürliches Wachstum) mit dem Gesicht zu einer Wand. An einem kleineren Schreibtisch sah sie gen Osten, ebenfalls zu einer Wand. Zusätzlich war sie der Kantenstrahlung eines Mauervorsprungs ausgesetzt. Der Schreibtisch im Westen wurde von den Kanten eines offenen Regals angestrahlt.

Nachher: Der kleine Schreibtisch wurde an die Stelle des Sideboards gerückt. Hier konnten jetzt in geschützter Position, mit der Blickrichtung nach Norden, Routinetätigkeiten ausgeführt werden. Vor den Mauervorsprung und auf das Sideboard, das an die Stelle des zweiten Schreibtisches rückte, wurden Pflanzen platziert, um den Energiefluss im Raum zu halten. Das offene Regal wanderte an die Westwand. Der große Schreibtisch wurde um 180 Grad gedreht und durch einen Beistelltisch ergänzt. Die Abteilungsleiterin konnte jetzt mit dem Rücken zur Wand sitzen. Der Energiefluss wurde durch die Tischkombination im Raum gebremst und gelenkt. Der Teil des Schreibtisches, der zur Raummitte hin zeigte, wurde mit einer gelben Fußblende versehen. Die Farbe Gelb unterstützt das Element Erde und beruhigt den Energiefluss. Der Mauervorsprung im Süden des Raumes (Ruhm und Anerkennung) wurde zum Aufhängen für Urkunden und Auszeichnungen verwendet. Auf der linken und auf der rechten Seite des Mauervorsprungs wurden zwei Bilder mit vielen Rottönen (Feuerenergie) angebracht.

Die Farbe Gelb

Auf das Sideboard im Südosten stellte man noch eine Schale mit frischem Wasser, das von der Abteilungsleiterin täglich erneuert werden musste. Der Südosten entspricht dem Element Holz, welches vom Element Wasser genährt wird. Das ist die Richtung für Journalisten, Redakteure und Schriftsteller. Auch beim Firmenchef wurden Veränderungen im Büroraum vorgenommen. Er saß jetzt in der Power-Position. Etwa zwei Wochen nach der Neugestaltung empfahl der Firmenchef seine Mitarbeiterin im Vorstandsgremium für neue Aufgabenbereiche.

Perspektive nachher.

Arbeiten und Wohnen unter einem Dach

Das Büro in der Wohnung

Das Schlafzimmer ist kein geeigneter Platz für den Schreibtisch

Eine Vermischung von Arbeiten und Wohnen, wie zum Beispiel der Schreibtisch im Schlafzimmer, ist aus Feng-Shui-Sicht ungünstig. Yin und Yang, die Fünf Elemente sowie die Acht Kompassrichtungen sind Energieformen, die in den verschiedenen Lebensbereichen unterschiedliche Wirkung zeigen. Jeder Raum hat nämlich seine eigenen Energiequalitäten, je nachdem, welche Funktion er hat. Für eine optimale Arbeitssituation ist es notwendig, diese Energien zu konzentrieren und zu bündeln. Eine Vermischung der Energien führt nach Feng Shui zu Verwirrung und Unklarheit. Deshalb wird empfohlen, bestimmte Tätigkeiten nur an dem dafür geeigneten Platz durchzuführen.

Die vermischten Energien bringen Verwirrung

Unsere Vorfahren haben intuitiv nach diesen Gesetzmäßigkeiten gebaut. Zum Beispiel gab es in den Herrschaftshäusern einen Vorraum, ein Wohnzimmer, ein Arbeitszimmer, eine Bibliothek, ein Esszimmer, einen Salon, ein Schlafzimmer und einen separaten Ankleideraum. Alle diese Räume hatten ihre eigene Funktion und Zeit, in der sie genutzt wurden. Auf diese Weise blieb die Energie eines Raumes klar, kräftig und immer eindeutig. Wenn Sie beispielsweise in Ihrem Schlafzimmer auch arbeiten, kommen zwei völlig gegensätzliche Energien im Raum zusammen. Sie beeinflussen sich wechselseitig, schwächen die Konzentration und lassen Sie schlechter schlafen. Je eindeutiger Sie also einen Raum nutzen, umso kraftvoller werden die darin ausgeführten Handlungen sein. Ein Schlafzimmer sollte immer Yin-Qualität haben, das heißt zum Entspannen und Ruhen einladen. Ein Arbeitsraum dagegen sollte Yang-Qualität aufweisen. Dies wird durch eine helle Einrichtung erreicht, die zu Aktivität auffordert. Arbeiten und Schlafen Sie in ein und demselben Raum, wird dies auf Dauer Ihr Wohlbefinden beeinträchtigen. Abhilfe schaffen Sie, indem Sie mit Raumteilern, Paravents,

Yin im Schlafzimmer und Yang im Arbeitsraum

Klare Trennung der Bereiche in einem Raum.

Pflanzen, Möbeln, Teppichen und Farben die verschiedenen Bereiche innerhalb des Raumes klar voneinander trennen. Zusätzlich hilft es, wenn Sie eine Handlung klar beenden, bevor Sie eine neue beginnen: Beenden Sie die Schlafphase bewusst, indem Sie das Bettzeug wegräumen. Hinterlassen Sie Ihren Schreibtisch nach vollendeter Arbeit aufgeräumt, so dass Sie im Bett nicht mehr an die unerledigten Dinge denken müssen. Vielleicht installieren Sie zwei verschiedene Lichtsysteme im Raum, die helfen, beide Funktionsbereiche voneinander zu trennen.

Die Patienten, Kunden und Klienten im eigenen Haus

Funktionsbereiche in einem Haus trennen

Wohnen und arbeiten Sie im eigenen Haus, in dem Sie zum Beispiel eine Kanzlei betreiben, so gelten die gleichen Empfehlungen. Trennen Sie die beiden Funktionsbereiche so gut Sie können. Optimal wären zwei separate Eingänge: einer zu den Arbeits- und einer zu den Privaträumen. Benutzen Sie etwaige Verbindungstüren zwischen beiden Bereichen nur selten. Damit trennen Sie die Wohn- von den Arbeitsenergien und sorgen für Klarheit und Struktur.

Das Arbeiten und Wohnen optimal trennen

Haben Sie kein eigenes Arbeitszimmer, so müssen Sie sich in Ihrer Wohnung einen geeigneten Platz dafür aussuchen. Eher ungünstig zum Arbeiten sind Durchgangsbereiche, wie zum Beispiel Dielen und Flure. Dort fließt die Energie zu schnell (beschleunigtes Qi). Wenn Sie den Wohn- und Arbeitsraum durch Paravents oder fest stehende Raumteiler trennen, dann sollten Sie ausreichend Abstand zu diesem haben, um Energieblockaden zu vermeiden. Stellen Sie Ihren Schreibtisch auch nicht in den Durchzug zwischen Tür und Fenster. Dort fühlen Sie sich auf Dauer unwohl. Unruhe und Anspannung können die Folgen sein, die wiederum Rückenbeschwerden, Kopfschmerzen, Konzentrationsschwierigkeiten, Stress und Erschöpfungszustände nach sich ziehen. Lüften Sie Ihre Räume am Ende des Arbeitstages intensiv. Die Luftzirkulation wird dem Element Metall zugeordnet, das beim Loslassen vom Arbeitsalltag hilft und Abschalten ermöglicht. Auch ein Gerät zur Luftreinigung (Ionisator) beruhigt und stabilisiert den Raum.

Abschalten vom Arbeitsalltag

Eine kostengünstige Lösung – der Paravent als Raumteiler.

Der psychologische Nutzen

Psychische Stabilität

Feng Shui hilft uns, unsere psychische Energie zu stärken. Diese brauchen wir zum Beispiel, um uns gegen Mobbing-Attacken zu wehren oder auch, um in stressreichen Zeiten die Ruhe und Gelassenheit zu bewahren.

Mobbing entgegenwirken

Intrigen, üble Nachrede und Psychoterror am Arbeitsplatz sind leider eine Unsitte unserer Zeit geworden. Ursache für das Mobbing ist zumeist Angst. Sowohl der Mobber als auch der Gemobbte sind von unterschiedlichen Befürchtungen geplagt: Der Mobber von der Angst um seinen Arbeitsplatz oder seine Vorrechte sowie Macht und Anerkennung zu verlieren. Der Gemobbte von der Angst, den Anforderungen nicht zu genügen, Fehler zu machen oder seinen Arbeitsplatz zu verlieren. Angst macht uns verwundbar, denn sie schwächt die Energiezentren unseres Körpers. Sind wir einmal schwach geworden, machen wir genau die Fehler, die wir eigentlich vermeiden wollten.

Die Angst macht schwach

Sehr viele Ängste im Arbeitsleben sind irrational und real nicht begründet. Statt uns Sorgen zu machen, könnten wir uns entspannen. Das würde die Energiezentren in unserem Körper regulieren und zu klarem Denken verhelfen. Mit Qi Gong, einer ausgewogenen, gesunden Ernährung oder Atemübungen lässt sich diese Angst meist reduzieren.

Vertrauen und Sicherheit am Arbeitsplatz

Gutes Feng Shui am Arbeitsplatz hilft, ein Gefühl der Sicherheit und des Vertrauens in die eigenen Fähigkeiten aufzubauen. Bei Beratungen stellen wir häufig fest, dass Mobbing-Opfer ihre Unsicherheit auch in der Gestaltung ihres Arbeitsumfeldes zeigen.
Innere Zweifel und ein Mangel an Klarheit drücken sich häufig in einem äußeren Chaos aus – zu vieles wird angehäuft. Wichtiges kann von Unwichtigem nicht mehr unterschieden werden.
Das Gefühl, keine Kontrolle mehr über die Arbeit zu haben, überwältigt den Betreffenden. Energetisch ungeschützte Arbeitsplätze können daher zu noch mehr Un-

Arbeiten ohne Rückenschutz.

sicherheit und Angst führen. Dunkle, energielose Räume verstärken den Zustand von Hilflosigkeit und Abhängigkeit. Unzureichende Beleuchtung und schlechte Luft führen zu noch mehr Stress in einer bereits angespannten Situation.

Stärke erlangen durch Kontrolle

Meist sitzen die Mobbing-Opfer an Arbeitsplätzen mit dem Rücken zur Tür oder in der Mitte eines Raumes. In Großraumbüros finden wir Gemobbte in Durchgangsbereichen und an Plätzen ohne Rückenschutz. Durch solche Sitzpositionen sind sie weiteren psychisch schwächenden Einflüssen ausgesetzt – der Teufelskreis schließt sich.
Es empfiehlt sich daher, den eigenen Arbeitsplatz mithilfe von Feng Shui energetisch zu stärken. Damit erlangen Sie wieder die

Situationsanalyse

- Notieren Sie, was Sie am meisten befürchten.
- Wie hoch ist die Wahrscheinlichkeit, dass Ihre Befürchtungen wirklich eintreten? Gibt es dazu beobachtbare Fakten? Befragen Sie Freunde und unparteiische Kollegen.
- Analysieren Sie Ihr Arbeitsumfeld. Haben Sie Rückenschutz? Oder sitzen Sie im Durchzug zwischen Tür und Fenster?
- Arbeiten Sie mit dem Gesicht zur Wand?
- Gibt es ausreichend Licht und Frischluftzufuhr?
- Was gefällt Ihnen an der Firma, in der Sie arbeiten?
- Auf welche Personen im Unternehmen sind Sie angewiesen?
- Was sind Ihre beruflichen Ziele? Sind sie realisierbar?
- Welche Energien müssen Sie verstärken, um Ihre beruflichen Ziele zu verwirklichen?
- Was sind die ersten Schritte, die Sie dazu unternehmen werden?
- Wann werden Sie beginnen? Was können Sie jetzt sofort tun?
- Woran können Sie erkennen, dass Sie Ihr Ziel erreicht haben?

Pflanzen im Rücken schützen vor Mobbing.

Kontrolle über die Situation. Aktivität ist in diesem Fall der erste Schritt, um aus der Misere zu kommen. Aufräumen, Putzen, Entrümpeln und eine neue Anordnung der Gegenstände am Schreibtisch nach den Acht Kompassrichtungen sind die wichtigsten Maßnahmen, die Situation zu verbessern. Achten Sie darüber hinaus, wie gesagt, auf genügend Licht und frische Luft. Versuchen Sie, mit persönlichen Gegenständen, Pflanzen und Bildern eine Harmonie der Elemente in Ihrem unmittelbaren Umfeld zu schaffen. Mobbing kann manchmal auch ein Hinweis sein, die berufliche Zukunft zu überdenken, die Firma zu wechseln oder dem ganzen Leben eine grundsätzlich andere Richtung zu geben.

Maßnahmen gegen Mobbing

- Stellen Sie eine Pflanze als Schutz hinter sich, wenn Sie mit dem Rücken zur Tür sitzen.
- Ist dies nicht möglich, stellen Sie einen Spiegel auf, so dass Sie sehen können, wer zur Tür hereinkommt. Lassen Sie sich überraschen, wie schnell Ihr Stresspegel sinkt.
- Stärken Sie die Elemente der Himmelsrichtungen, die für eine Veränderung der Situation wichtig sind.
- Fehlt Ihnen Selbstsicherheit, so verstärken Sie das Erdelement auf Ihrem Schreibtisch mit einer gelben Unterlage.
- Können Sie sich schwer gegen ungerechte Vorwürfe abgrenzen, so nehmen Sie eine weiße Unterlage.
- Haben Sie mit übler Nachrede zu kämpfen, so stellen Sie den Papierkorb in den Nordosten Ihres Schreibtisches.
- Die Wände können Sie nach den Himmelsrichtungen mit Postern in den dazu passenden Elementefarben dekorieren.

Der Umgang mit Stress

Die Fähigkeit Stress zu bewältigen

Häufig ist es nicht die Situation selbst, die uns Stress macht, sondern die Unfähigkeit, die Situation zu bewältigen. Sie können lernen, die Stessoren mit Abstand zu betrachten, ohne Emotionen strategisch richtige Entscheidungen zu treffen. Auch Ihr Feng-Shui-Wissen hilft Ihnen, Konfliktsituationen zu bewältigen. Wissenschaftliche Untersuchungen kommen immer wieder zu ähnlichen Ergebnissen, wenn es darum geht, wie Stress entsteht. Menschen mit Stresssymptomen fühlen sich unfähig, zu beeinflussen, was mit Ihnen geschieht, und glauben häufig, keine Kontrolle über das eigene Leben zu haben. Sie fühlen sich äußeren Gegebenheiten, den Entscheidungen anderer und vermeintlichen Zwängen ausgeliefert, anstatt selbst in den Gang der Dinge einzugreifen.

Das Selbstbewusstsein stärken

Werden Sie aktiv bei der Umsetzung von Feng-Shui-Maßnahmen. Das bringt Ihnen ein erstes Gefühl von Kontrolle über Ihre Situation und stärkt sicherlich Ihr Selbstbewusstsein.

Gönnen Sie sich Erholungspausen.

Sind Sie zum Beispiel neidisch auf den Erfolg anderer, versuchen Sie Ihren Sitzplatz mit Blick in den Südosten zu drehen, und umgeben Sie sich mit vielen Pflanzen. Holzenergie und der Südosten verhelfen Ihnen zu mehr Kreativität und der Fähigkeit, Ideen besser zu vermitteln. Stellen Sie fest, dass Sie planlos arbeiten und ungern Entscheidungen treffen, so probieren Sie die Blickrichtungen Südwesten, Westen, Nordwesten oder Nordosten aus. Mit den entsprechenden Farben der Himmelsrichtungen und Elemente können Sie eine Verstärkung der Maßnahmen erreichen. Auch für verschiedene andere Stressursachen bietet Feng Shui Ihnen Lösungsvorschläge an:

Stress-faktoren ausschalten

Der Mangel an Motivation

Blicken Sie möglichst nach Nordosten. Stellen Sie Symbole für Ihre Wünsche in Ihr Blickfeld. Nutzen Sie beispielsweise ein Segelboot-Modell oder einen Mini-Ferrari als Briefbeschwerer. Auch frische Blumen und ein stets aufgeräumter Schreibtisch helfen, Ihre Motivation zu verstärken.

Der Chef kontrolliert alles

Blicken Sie nach Südosten. Bestellen Sie, wenn möglich, einen größeren Schreibtisch und Stuhl. Sitzen Sie unbedingt in der Power-Position. Tragen Sie korrekte und seriöse Kleidung, vorwiegend in den Farben Schwarz, Weiß, Rot oder Violett.

Die Unfähigkeit zu delegieren

Die Übertragung von Aufgaben an andere mindert den Stress. Können Sie schlecht delegieren, setzen Sie sich so in den Raum, dass Sie nach Südosten sehen und alle Türen gut im Blickfeld haben.

Die Depression macht schwach

Stellen Sie hohe Pflanzen und bunte Blumen in Ihrem Arbeitsumfeld auf. Blicken Sie nach Osten oder Südosten. Halten Sie Ihren Arbeitsplatz sauber und übersichtlich. Schauen Sie nach Möglichkeit nicht auf eine Wand, sondern in den Raum.

Der Mangel an Beachtung

Sorgen Sie an Ihrem ganzen Schreibtisch für ausreichende Beleuchtung. Am besten eignet sich eine Stehlampe. Blicken Sie in Richtung Süden mit Kontrolle über alle Türen. Sitzen Sie mit dem Rücken zu einer festen Wand oder einer geschlossenen Regalfront.

Der Mangel an Durchsetzung

Stellen Sie Auszeichnungen und Urkunden auf Ihrem Schreibtisch auf, die sie in Ihrer bisherigen beruflichen Laufbahn erhalten haben. Entsorgen Sie dort unnötige Gegenstände. Blicken Sie nach Osten.

Das Selbstvertrauen fehlt

Setzen Sie sich mit dem Rücken zu einer Ecke, und schauen Sie nach Südosten. Benutzen Sie kräftige Farben in Ihrem Arbeitsumfeld (Yang), und achten Sie an ihrem Arbeitsplatz auf Ordnung. Die Kontrolle über die Türen ist wichtig.

Die Tür im Blickfeld haben

Die Hektik macht übereifrig

Schauen Sie nach Südwesten. Stellen Sie an Ihrem Arbeitsplatz gelbe Gegenstände mit rechteckigen Formen auf. Eine Salzlampe auf einer Terracottasäule im Südwesten oder Nordosten bringt noch mehr Ruhe und Zielorientierung.

Den Stress wegatmen

Atmen ist die beste Möglichkeit, mit Stress fertig zu werden. Im Laufe ihres Lebens verlernen viele Menschen richtig zu atmen, vor allem wenn sie unter Anspannung stehen oder eine knifflige Aufgabe lösen müssen. Beobachten Sie sich, ob und in welchen Situationen Sie die Luft anhalten. Wird Ihnen dies bewusst, dann können Sie die Situationen besser meistern.

Tief durchatmen

Kleben Sie einen Zettel mit dem Vermerk "Atmen" auf Ihren Computer. Tief durchzuatmen ist die effektivste Form, den Fluss der Körperenergie wieder in Schwung zu bringen. Damit können Sie Ihre Emotionen verändern und ein befriedigendes Gefühl von Kontrolle über das eigene Leben erzeugen.
Kaufen Sie sich ein Qi-Gong-Buch, und fangen Sie langsam mit bewusstem Atmen und dem Visualisieren von Gesundheit, Erfolg und Glück an. Sind Sie in einer angespannten Situation, und möchten Sie sich beruhigen, dann probieren Sie doch mal die hier beschriebene Yin-Atemübung aus. Die Yang-Atemübung verstärkt die aktiven Energien Ihres Körpers und den Wunsch nach körperlicher Bewegung.

Yin-Atmung

Nehmen Sie eine bequeme Position ein. Atmen Sie tief in Ihren Unterbauch. Neigen Sie dabei Ihren Kopf ein wenig nach hinten. Nehmen Sie die Schultern zurück, und weiten Sie Ihren Brustkorb. Halten Sie den Atem 2 bis 3 Sekunden an, und atmen Sie dann 7 bis 9 Sekunden langsam wieder aus. Beugen Sie sich beim Ausatmen nach vorne, damit die ganze Luft aus den Lungen entweichen kann. Wiederholen Sie diese Übung so oft, bis Sie sich ruhig und gelassen fühlen.

Yang-Atmung

Nehmen Sie eine bequeme Haltung ein. Atmen Sie 3 Sekunden lang tief in Ihren Unterbauch. Halten sie den Atem für etwa 1 Sekunde an. Atmen Sie danach kräftig aus. Spannen Sie beim Ausatmen Ihre Bauchmuskeln an, um die ganze Luft aus dem Körper zu bringen. Halten Sie danach die Bauchmuskeln noch 1 Sekunde angespannt, und wiederholen Sie die Übung so oft, bis Sie eine Steigerung Ihrer Körperenergie verspüren.

Die Ernährung für den Erfolg

Frisches Gemüse – das beste Feng-Shui-Food.

Beruflicher Erfolg hängt auch davon ab, wie gesund Sie sich ernähren. Eine ausgewogene Ernährung hilft Ihnen, den Energiefluss des Körpers und der Seele im Gleichgewicht zu halten. Besteht ein Ungleichgewicht, stellen sich körperliche oder emotionale Störungen ein. Auf der emotionalen Ebene können dies zum Beispiel Hyperaktivität, Übererregbarkeit, Konzentrationsschwäche oder Unaufmerksamkeit sein.

Das Nahrungs-Qi

Das Qi in Nahrungsmitteln ist wichtig zur Aufrechterhaltung unserer körperlichen Funktionen. Wie wir wissen, werden die meisten Krankheiten durch falsche oder entwertete Nahrungsmittel, wie Konserven, verursacht. Viele Nahrungsmittel sind zwar reich an Nährstoffen, wie Eiweiß, Fett und Kohlenhydraten, die für unseren Körper jedoch lebenswichtigen Vitamine, Spurenelemente, Mineral- und Ballaststoffe fehlen dagegen oder sind nicht mehr in ausreichender Menge vorhanden. Deshalb sollten Sie einer gesunden und ausgewogenen Ernährung den Vorzug geben. Versuchen Sie, Ihre Essgewohnheiten mit natürlichen Nahrungsmitteln zu balancieren. Diese können von den Verdauungssäften besser aufbereitet und verdaut werden als entwertete Speisen. Ernähren Sie sich zum Beispiel hauptsächlich von Konserven, so muss sich der Körper erst einmal auf diese Nahrung einstellen, da sie nicht seinem natürlichen Zustand entspricht. Dazu verbraucht er bereits einen Großteil der Energie, die Sie benötigen.

Ausgewogene Ernährung sorgt für viel Energie

Zusammenfassend lässt sich sagen: Je frischer und naturbelassener unsere Nahrungsmittel sind, desto mehr Energie nehmen wir auf. Dazu gehören Obst, Gemüse, Rohkostsalate, Nüsse, Samen und Getreide.

Die Kleidung für den Erfolg

Im roten Business-Kostüm wirken Sie dynamisch.

Durch die Kleidung, die Sie tragen, bestimmen Sie Ihr äußeres (energetisches) Erscheinungsbild. Kleidung hat einen entscheidenden Einfluss auf Ihr Wohlbefinden. Kleidung ist auch wichtig für das berufliche Fortkommen. Denn mit einem guten Outfit befinden Sie sich bereits auf der ersten Stufe zur Karriereleiter. Mit Material und Farbe können Sie Ihre Körperenergie stimulieren. Doch auch der Kleidungsstil ist von Bedeutung – er verrät anderen, wer Sie sind. Wenn Sie zum Beispiel bequeme Freizeitkleidung tragen, wirken Sie locker und zwanglos. Berufsgarderobe dagegen kann Sie seriös und strukturiert erscheinen lassen. Das Prinzip, das hier wirkt, ist Yin und Yang. Eine saloppe Freizeitkleidung verhilft zu mehr Yin-Energie, eine seriöse Berufskleidung zu mehr Yang-Energie.

Das Material unterstützt die Tätigkeit

Um beruflich erfolgreich sein zu können, sollten Sie auch dem Bekleidungsmaterial Beachtung schenken. Zum Beispiel produzieren Materialien, wie Leder, Seide und Wolle, mehr Yang-Energie. Dadurch wird Ihr Leistungsvermögen gesteigert. Bekleidungsmaterial pflanzlichen Ursprungs dagegen unterstützt Yin-Qualitäten, wie Kreativität und Kommunikationsfähigkeit. Vermeiden Sie, Kleidungsstücke aus Chemiefasern zu tragen. Sie können bei empfindlichen Menschen Gereiztheit, mangelnde Konzentration und Verwirrtheit hervorrufen. Auch Allergien sind nicht selten.

Das richtige Kleidungsmaterial wählen

Durch eine gezielte Wahl der Materialien unterstützen Sie zudem

Kleider machen Leute

die Qualitäten der Fünf Elemente. Eine zusätzliche Qualitätssteigerung wird durch die Farbauswahl erreicht. Je nach dem, welche Farben Sie für Ihre Garderobe auswählen, stärken, schwächen oder stabilisieren Sie die Elemente. Holzknöpfe zum Beispiel verstärken das Element Holz (kontinuierliches Wachstum). Tragen Sie solche Knöpfe auf einer grünen Seidenjacke, so wird die entsprechende Qualität noch stärker aktiviert. Mit dem Material Seide (Element Feuer) haben Sie den nächsten Schritt im Kreislauf der Fünf Elemente erreicht und somit eine Brücke zu diesem Element hergestellt.

Die Farbe verstärkt die Energie

Wie schon erwähnt, werden die Fünf Elemente auch durch die Farben beeinflusst. Mit einem roten Kleidungsstück (Feuer) unterstützen Sie Ruhm und Anerkennung. Kombiniert mit gelben Accessoires, erreichen Sie das Element Erde, das für Stabilität und harmonische Kundenbeziehungen sorgt. Ein weißes Outfit bringt das Element Metall zum Ausdruck, das Gewinn symbolisiert. Dieses Element können Sie auch durch Gegenstände, wie Schmuck oder Uhren aus Stahl, unterstützen. Schwarze und dunkelblaue Garderobe stärkt das Element Wasser (gute Kommunikation). Dünne Stoffe, wie Chiffons, verstärken die Wasserenergie zusätzlich. Schwere Stoffe, wie Loden, repräsentieren das Element Erde (natürliches Wachstum und gute Teamarbeit).

Corporate Colors

Wählen Sie bei Ihrer Berufskleidung nur solche Farben aus, die dem Image (Corporate Identity) des Unternehmens, in dem Sie arbeiten, entsprechen. Achten Sie auch darauf, dass die Farben und das Material Ihrer Berufskleidung in harmonischer Beziehung zu den Fünf Elementen stehen. Die gleichen Regeln gelten für uniformierte Firmenmitglieder. Kleidet man zum Beispiel die Mitarbeiter einer Fensterputzertruppe in rote Overalls, so bedeutet dies im zerstörenden Zyklus den Konflikt mit Wasser (Feuer löscht Wasser).
Uniforme Kleiderordnungen können helfen, den Teamgeist in einem Unternehmen zu stärken und ein geschlossenes Erscheinungsbild nach außen abzugeben.

Die Hilfsmittel zum Erfolg

Feng Shui bietet Ihnen viele Möglichkeiten an, Ihren Arbeitsplatz mit einfachen Hilfsmitteln schöner zu gestalten. Ungünstige Raumsituationen oder energetische Problemzonen können damit verbessert werden, ohne aufwendige Veränderungen im Raum vornehmen zu müssen. Jedes Hilfsmittel, das Sie verwenden, beeinflusst den Energiefluss auf eine spezielle Weise: Qi kann entweder verstärkt, abgeschwächt, gelenkt oder Sha abgewehrt werden. Grundsätzlich gilt: Setzen Sie die Hilfsmittel stets sparsam ein, denn ein übertriebener Einsatz kann zu einem Überschuss an Energie führen.

Verwenden Sie die Feng-Shui-Hilfsmittel sparsam

Kreieren Sie Ihre eigene Mischung

Wer möchte, stellt sich seine eigene Räuchermischung nach den Farben der Fünf Elemente her. Verwenden Sie dazu roten, gelben, goldenen, blauen und grünen Farbweihrauch sowie Lavendel, Salbei und weißes Sandelholz. Lassen Sie in der Zusammenstellung Ihre Inspiration wirken. Rot steht für das Element Feuer, Gelb für das Element Erde, Gold für das Element Metall, Blau für das Element Wasser und Grün für das Element Holz.

Diese Räuchermischung fördert den Qi-Fluss.

Die Räucherstoffe

Eine der wichtigsten Funktionen des Räucherns ist die Reinigung. Schon unsere Vorfahren kannten die Wirkung von Räucherstoffen. Sie nutzten Hölzer, Blüten, Wurzeln, Harze und Kräuter, um Krankheiten zu bekämpfen oder schlechte Gerüche (Fremdenergien) aus Räumen zu vertreiben. Räume, in denen zum Beispiel Streitigkeiten ausgetragen wurden oder Auseinandersetzungen stattfanden, räucherte man aus, sie wurden sozusagen energetisch gereinigt. Mit dem Verbrennen von Räucherstoffen, wie Weihrauch oder Salbei, konnte wieder Klarheit in den Raum gebracht werden. Salbei und Weihrauch werden auch heute noch verwendet, um alte Schwingungen aus Möbeln (Antiquitäten) zu neutralisieren. Manche Möbel haben

die Erinnerungen an ihre Vorbesitzer regelrecht verinnerlicht. Wir können dies spüren, wenn uns beim Betrachten einer alten Truhe oder eines schweren Barockschrankes ein mulmiges Gefühl beschleicht. Solche Phänomene lassen sich zum Beispiel auch mit Rosenwasser beseitigen, indem man die Möbel damit abwäscht.
Im Folgenden werden die wichtigsten Räucherstoffe aufgeführt, die sich zum Reinigen und Harmonisieren von Räumen eignen:

Räucherstoffe zum Reinigen der Arbeitsräume

Weihrauch
Schafft Klarheit und sorgt für Reinheit. Lenkt den Blick auf das Wesentliche.

Salbei
Wirkt reinigend und aufbauend. Gibt verlorengegangene Energie wieder zurück.

Weißes Sandelholz
Schützt vor negativen Energien.

Myrte
Sorgt für spirituelle Reinheit.

Lavendel
Dient zu Reinigungszwecken und beseitigt negative Schwingungen.

Lorbeer
Klärt und reinigt die Luft.

Myrrhe
Wird zu Reinigungszwecken verwendet.

Bernstein
Wirkt ionisierend und stark reinigend.

Kampfer
Neutralisiert negative Schwingungen. Klärt und erfrischt.

Wacholder
Erfüllt den Raum mit einem sanften, reinigenden Duft.

Nelke
Wirkt erdend und reinigend.

Anleitung zum Räuchern

- Verwenden Sie ein feuerfestes Gefäß mit Sand.
- Zünden Sie ein Stück selbstentzündende Räucherkohle an.
- Wenn die Kohle glüht, legen Sie sie auf den Sand in das Gefäß.
- Zerkleinern Sie die Räucherstoffe in einem Mörser.
- Sobald die Kohle bis zum Rand durchgeglüht ist, legen Sie eine Prise des Räucherwerks darauf.
- Legen Sie frisches Räucherwerk auf, wenn das alte verbrannt ist.

Die Duftöle

Wir haben alle schon einmal die wohltuende Wirkung aromatischer Pflanzenessenzen in der Duftlampe (auch Aroma- oder Verdunstlampe genannt) kennen gelernt. Es gibt zahlreiche Extrakte, deren umfassende Wirkungen in den verschiedenen Büchern über die Anwendung der Aromatherapie nachzulesen sind. Ätherische Öle, vorausgesetzt sie sind absolut naturrein, beeinflussen das Element Metall. Sie wirken ganzheitlich auf Körper, Geist und Seele des Menschen. Hinzu kommt die ionisierende und reinigende Wirkung der Duftmoleküle auf das Raumklima. Hierzu tragen die bereits genannten Pflanzenstoffe (siehe Räucherstoffe) bei, die auch als ätherische Öle erhältlich sind. Beim Kauf der Öle ist als erstes auf ihren Reinheitsgrad zu achten. Leider gibt es auf dem Markt immer noch viel zu viele minderwertige Qualitäten – angefangen von den gepanschten Mischölen bis hin zu den Ölen synthetischer Herkunft. Diese Öle haben kaum oder keinerlei Wirkung mehr. Sie

Bestimmte ätherische Öle fördern die Konzentration am Arbeitsplatz.

Wohlbefinden durch Salzkristalllampen

Hierbei handelt es sich um von innen beleuchtete, naturbelassene Steinsalzkristalle, die auch als Duftlampen erhältlich sind. Sie wirken auf zweierlei Weise: Zum einen fördern sie ein ausgeglichenes Ionenverhältnis in der Raumluft. Zum anderen verzaubern sie jeden Raum durch ihr einzigartiges Licht und wirken positiv auf unser Wohlbefinden. Das Aufstellen von Salzlampen hat eine entspannende Wirkung auf das Erdelement im Raum. Noch beruhigender wirken sie, wenn man sie auf der Diagonalen Südwest-Nordost aufstellt, da dort die Energie besonders schnell fließt.

Anregende und konzentrationsfördernde Öle

Am Arbeitsplatz oder im Büro können sie folgende Öle in der Duftlampe verwenden: Blutorange, Litsea Cubea, Mandarine, Grapefruit, Lemongras, Limette, Bergamotte, Zitrone, Minze, Melisse, Zedernholz, Eisenkraut, Rosmarin, Thymian, Bergbohnenkraut, Myrte, Zirbelkiefer, Muskatellersalbei und Ysop.

können sogar schädlich sein. Zusammenfassen lässt sich sagen: Um sicher zu gehen, dass es sich um 100 Prozent reines, natürliches ätherisches Öl handelt, sollten Sie die Angaben auf dem Etikett beachten. Dieses muss neben dem Reinheitsgrad Angaben über die offizielle Handelsbezeichnung, den vollständigen botanischen Namen, das Herkunftsland, die Gewinnungsart und die Haltbarkeit enthalten.

Die Klangkörper

Mit Klangspielen oder dem Anschlagen von Klangschalen verändern Sie das Wasserelement im Raum. Klangkörper erzeugen harmonische und beruhigende Klänge, wenn sie durch den Wind oder einen leichten Luftzug bewegt werden. An bestimmten Stellen in einem Raum aufgehängt, bewirken sie, dass Qi nicht entweicht oder zu schnell fließt. Darüber hinaus sind sie sehr dekorativ und erfüllen Räume mit Harmonie und Freude. Gute Plätze zum Beispiel sind Eingangstüren. Zum einen, um Hereintretende wahrnehmen zu können. Zum anderen, um Eintretende willkommen zu heißen.
Je nach beabsichtigter Wirkung können Klangspiele mit unterschiedlichen Tönen verwendet werden. Hören Sie sich vor dem Kauf mehrere Exemplare an, um den angenehmsten Ton zu finden.

Klangspiele beruhigen die Raumatmosphäre.

Die Wirkung der Pflanzen

Natürliche Pflanzen bauen um sich herum ein eigenes Energiefeld auf. Je nach Art der Pflanze, Gesundheitszustand und Wuchs der Pflanze ist dieses verschieden. Pflanzen fördern die Raumenergie: Sie ziehen Qi und Sauerstoff an, laden den Raum damit auf und bewirken seine Zirkulation. Deshalb ist es wichtig, gesunde Pflanzen im eigenen Umfeld zu haben. Gesunde Pflanzen symbolisieren die Kraft der Natur, Langlebigkeit und Flexibilität. Sie machen gute Laune und erfreuen unser Herz. Das Qi von kranken Pflanzen schwächt uns dagegen.

Mehr Energie durch Pflanzen

Je liebevoller Sie sich um Ihre Pflanzen kümmern, desto besser gedeihen sie – denn Energie wird durch Aufmerksamkeit gelenkt. Schenken Sie daher Ihren Pflanzen Beachtung, und schätzen Sie Ihre unterstützende Funktion. Nur dann geben Sie Vitalkraft und Freude zurück.

Die Pflanzen bei der Raumgestaltung

Pflanzen sind die effektivsten und praktischsten Hilfsmittel bei der Umsetzung von Feng-Shui-Maßnahmen. Sie sind wahre Wunder der Natur und ihre Einsatzmöglichkeiten sind sehr vielseitig. Sie erhöhen den Energiefluss im Raum schon nach kurzer Zeit. Pflanzen sollten deshalb auch dort eingesetzt werden, wo negative Energieflüsse (Sha) stark herrschen:

- Tote Zimmerecken beleben Sie am besten mit Pflanzen, die spitze und scharfe Blätter haben.
- Hervorstehende Kanten verdecken Sie mit buschigen und großblättrigen Pflanzen. Sie schwächen schneidendes Qi.
- Lange Flure teilen Sie durch Pflanzeninseln in einzelne Bereiche ab. Dadurch wird der Energiefluss verlangsamt. Bringen Sie in dunklen Gängen spezielle Pflanzenlampen an.

Grüne Pflanzen beleben den Arbeitsplatz.

- Werten Sie Eingänge mit prachtvollen Pflanzen auf. Besonders Buchsbäume sind dafür gut geeignet. Sie erzeugen ein starkes Energiefeld und halten schlechte Energieflüsse fern.
- In den meisten Fällen ist es empfehlenswert, verschiedene Pflanzen in einem Raum aufzustellen. Ihre Eigenschaften ergänzen sich, und zusammen sorgen sie für einen ausgeglichenen Energiefluss.

Die Einteilung der Pflanzen nach Yin und Yang

Mit den verschiedenen Pflanzen können Sie die unterschiedlichsten Wirkungen erzielen:

- Pflanzen mit sehr spitzen und scharfen Blättern erzeugen eine dynamische Energie. Sie lenken das Qi in abgelegene Ecken und bringen es schneller zum Fließen. Diese Pflanzen haben Yang-Qualität. Sie sollten allerdings nicht zu nahe am Arbeitsplatz stehen, da zuviel Yang-Energie Hektik und Stress auslöst.
- Rundblättrige Pflanzen mit weichen Blättern erzeugen dagegen weichfliessende Energie. Sie stabilisieren das Qi. Diese Pflanzen haben Yin-Qualität. In einem kühlen, karg eingerichteten Raum zum Beispiel wirken sie beruhigend und entspannend. Vor allem Gummibäume, Grünlilien, Efeu und Geldbäumchen betonen den Yin-Aspekt.

Pflanzen mit Yang-Qualität erzeugen dynamische Energie

Die Einteilung der Pflanzen nach den Fünf Elementen

Hohe und schlanke Pflanzen erzeugen Holzenergie; kleine, dicke und runde Pflanzen Metall-

WICHTIG

Was Sie sonst noch beachten müssen

- Wählen Sie nur Pflanzen aus, die Sie wirklich mögen. Lassen Sie auch Ihren Mitarbeitern freie Hand in der Wahl der Pflanzen.
- Ziehen Sie Pflanzen in normaler Blumenerde Hydrokulturen vor. Verzichten Sie auch auf torfhaltige Erde.
- Düngen Sie regelmäßig, und tauschen Sie die Erde alle sechs Monate aus.
- Verwenden Sie Terrakotta- oder Keramiktöpfe.
- Entfernen Sie regelmäßig den Staub von den Blättern.
- Stellen Sie keine Kakteen unmittelbar in der Nähe Ihres Arbeitsplatzes auf.

TIPP!
Schnittblumen stets pflegen
Auch Schnittblumen verstärken den Energiefluss in einem Raum. Bunte Sträuße wirken zusätzlich belebend, vor allem im Winter, wo es den meisten Menschen an Energie fehlt. Sollen Pflanzen lange blühen, dann müssen Sie sie gut pflegen. Wechseln Sie deshalb täglich das Wasser. Entfernen Sie Verwelktes, und schneiden Sie die noch blühenden Pflanzen am Stengel um etwa zwei Zentimeter zurück.

energie; spitze und scharfkantige Pflanzen Feuerenergie; Bodendecker oder weit ausladende Topfpflanzen Erdenergie und Rankgewächse Wasserenergie.

Auch Pflanzen unterstützen die Fünf Elemente

Im Folgenden wird aufgelistet, welche Pflanzen welches Element unterstützen und welche der acht Himmelsrichtungen die günstigste ist:

- Efeu, Grün- und Streifenlilien unterstützen das Wasserelement. Diese Pflanzen stehen ideal im Norden, da sie nur wenig Sonnenlicht benötigen.
- Würdevoll nach oben ragende Pflanzen, wie Drachenbäume oder Madagaskarpalmen, stärken das Holzelement. Beide Pflanzen begünstigen ein gutes Raumklima. Sie stehen ideal im Osten, Südosten und Süden sowie in dunklen Ecken.
- Palmen, Bambusgewächse und Zyperngras unterstützen das Feuerelement. Der Osten, Südosten, Süden, Südwesten und Nordosten sind günstige Standorte.
- Alpenveilchen und Begonien fördern das Erdelement. Optimale Standorte sind der Süden, Südwesten, Westen, Nordwesten und Nordosten.
- Der Geldbaum und die Kolbenkalla unterstützen das Metallelement. Die runden, dicken Blätter des Geldbaumes sorgen für Stabilität, die Kolbenkalla absorbiert Elektrosmog. Gute Plätze für beide Pflanzen sind der Südwesten, Westen, Nordwesten und Nordosten.

Die Bedeutung blühender Pflanzen

Blühende Pflanzen im Topf oder Schnittblumen in der Vase sind wegen ihrer Farben eine wahre Augenpracht. Sie symbolisieren die Kraft und den Überschwang der Natur. Durch die Wahl ihrer Farben lassen sich Räume schon nach geraumer Zeit aktivieren oder beruhigen. Kräftige Farben wirken anregend, sanfte hingegen entspannend. Mit

blühenden Pflanzen können Sie die Qualität der jeweiligen Himmelsrichtungen zusätzlich betonen:

Nelken
in weiß, rot und pink fördern im Westen die Würde und das Vergnügen.

Chrysanthemen
stärken im Westen und Nordosten das Energiezentrum.

Kornblumen
verhelfen im Südosten und im Süden zu guter Kommunikation.

Rote Dahlien
unterstützen den Süden.

Gladiolen
verbessern das Qi in jeder Himmelsrichtung.

Orchideen
erhöhen die Energie im Norden und unterstützen einen reibungslosen Arbeitsablauf.

Sonnenblumen
wirken beruhigend, vor allem in Räumen mit wenig Sonnenlicht. Am besten stehen sie im Südwesten und Nordosten.

Blühende Pflanzen erfreuen das Auge am Arbeitsplatz

Tulpen
im Westen und Nordwesten richten die Aufmerksamkeit auf die Finanzen.

Rosen
gehören zum Element Metall und unterstützen den Geldfluss.

Iris
können in unterschiedlichen Farben die jeweiligen Himmelsrichtungen verstärken.

TIPP!

Pflanzen gegen Umweltschmutz

Eine mehrjährige Studie hat ergeben, dass Pflanzen auf sehr effektive Weise Verunreinigungen der Luft, wie umweltbelastende Schadstoffe oder Elektrosmog, absorbieren können. Auch die NASA macht sich diese Fähigkeit inzwischen zu Nutze und setzt Pflanzen als Energiefilter in Raumschiffen ein. Als besonders wirkungsvoll haben sich zum Beispiel der Bambus, das Immergrün, alle Chrysanthemen, die Gerbera, der Efeu, die Madagaskar-Palme, die Schwiegermutterzungen, die Kolbenkalla und die verschiedenen Dracenienarten erwiesen.

Feng-Shui-Analyse-Bogen

Was können Sie verändern?

Eine Bestandsaufnahme der Arbeitsplatzsituation ist hilfreich, wenn man Dinge im Leben verändern möchte.
Prüfen Sie zunächst Ihre berufliche Situation und Ihre Wünsche in Bezug auf die Tätigkeit, die Sie ausüben. Analysieren Sie dann Ihren Arbeitsplatz – entsprechend den Beispielen im Buch können Sie nun Ihre Arbeitsplatzsituation verändern.

Wie ist Ihre berufliche Situation?

Sind Sie selbstständig mit eigenem Büro?
Sind Sie selbstständig mit Büro in einer Bürogemeinschaft?

Sind Sie angestellt, und haben Sie ein eigenes Büro?
Sind Sie angestellt, und arbeiten Sie mit Kollegen in einem Raum?
Sind Sie angestellt, und arbeiten Sie in einem Großraumbüro?

Sind Sie mit Ihrem Berufsleben sehr zufrieden?
Sind Sie mit Ihrem Berufsleben zufrieden?
Sind Sie mit Ihrem Berufsleben nicht zufrieden?

Möchten Sie bei Ihrer Tätigkeit bleiben?
Oder möchten Sie Ihre Tätigkeit verändern?

Möchten Sie in Ihrer Position bleiben?
Oder möchten Sie Ihre Position verändern?

Möchten Sie weniger Verantwortung übernehmen?
Oder möchten Sie mehr Verantwortung übernehmen?

Möchten Sie länger arbeiten?
Oder möchten Sie kürzer arbeiten?

Feng-Shui-Analyse-Bogen

Ihre Wünsche und die entsprechenden Himmelsrichtungen

Wünschen Sie sich von Ihrer Arbeit mehr Kreativität? (N, O, So)
Ja
Nein

Wünschen Sie sich von Ihrer Arbeit mehr Wettbewerb? (NO, S)
Ja
Nein

Wünschen Sie sich von Ihrer Arbeit mehr Spaß? (O, SO, W)
Ja
Nein

Wünschen Sie sich von Ihrer Arbeit mehr Anerkennung? (SO, S)
Ja
Nein

Wünschen Sie sich von Ihrer Arbeit mehr Erfolg)? (O, SO, S, NW)
Ja
Nein

Wünschen Sie sich von Ihrer Arbeit mehr Sicherheit? (SW)
Ja
Nein

Wünschen Sie sich von Ihrer Arbeit mehr Geld? (W, NW)
Ja
Nein

Wünschen Sie sich von Ihrer Arbeit mehr Inspiration? (N, NW)
Ja
Nein

Die in Klammern angegebenen Himmelsrichtungen können Sie bei Ihren Wünschen unterstützen.

Feng-Shui-Analyse-Bogen

Was ist möglich?

Dürfen Sie Ihren Arbeitsplatz verändern? Ja / Nein

Dürfen Sie private Gegenstände mitbringen? Ja / Nein

Haben Sie beide Fragen mit „JA" beantwortet, dann können Sie die entsprechenden Maßnahmen, die sich aus der weiteren Situationsanalyse ergeben, leicht umsetzen. Andernfalls ist es ratsam, sich mit Ihrem Vorgesetzten über Veränderungswünsche zu unterhalten.

Sha Qi am Arbeitsplatz

Achten Sie nun darauf, ob Sie an einem Platz sitzen, der unter Feng-Shui-Gesichtspunkten nicht günstig ist. Die folgenden Fragen helfen Ihnen, das herauszufinden. Verändern Sie diese Umstände, bevor Sie sich mit den anderen Aspekten beschäftigen.

Sitzen Sie mit dem Rücken zu einer Tür? Ja / Nein

Sitzen Sie mit dem Rücken zu einem Fenster? Ja / Nein

Sitzen Sie zwischen einer Tür und einem Fenster? Ja / Nein

Sitzen Sie mit dem Gesicht oder Rücken zu spitzen Kanten? Ja / Nein

Sitzen Sie mit dem Gesicht zu einer Wand? Ja / Nein

Feng-Shui-Analyse-Bogen

Schlechtes und schnelles Qi am Arbeitsplatz

Wenn Sie die nächsten vier Fragen mit „JA" beantworten, dann sind Sie während Ihrer Arbeitszeit schlechtem Qi ausgesetzt. Schaffen Sie Abhilfe!

Befindet sich Ihr Arbeitsplatz gegenüber einer Toilette?	Ja Nein	
Befindet sich Ihr Arbeitsplatz gegenüber einer Küche?	Ja Nein	
Befindet sich Ihr Arbeitsplatz gegenüber einer Abstellkammer?	Ja Nein	
Befindet sich Ihr Arbeitsplatz gegenüber einem langen Gang?	Ja Nein	
Befindet sich Ihr Arbeitsplatz gegenüber einer Büroraumtür?	Ja Nein	
Befindet sich Ihr Arbeitsplatz gegenüber einem Eingangsbereich?	Ja Nein	
Befindet sich Ihr Arbeitsplatz in einem Durchgangsbereich?	Ja Nein	

Feng-Shui-Analyse-Bogen

Die Analyse der Himmelsrichtungen

Benutzen Sie nun Ihren Kompass, um festzustellen, welche Elemente Sie besonders beeinflussen. Achten Sie darauf, ob die Himmelsrichtungen, in denen Sie sich befinden, mit Ihrem Geschäftszweig oder Ihrer Tätigkeit in Harmonie stehen (Siehe Tabelle Seite 33).

In welchem Stadtteil liegt das Firmengebäude, in dem Sie arbeiten?

N (Wasser) ☐ NO (Erde) ☐ O, SO (Holz) ☐

S (Feuer) ☐ SW (Erde) ☐ WNW (Metall) ☐

In welchem Teil des Hauses liegt Ihr Büro/Ihr Arbeitsplatz?

N (Wasser) ☐ NO (Erde) ☐ O, SO (Holz) ☐
S (Feuer) ☐ SW (Erde) ☐ W, NW (Metall) ☐

In welche Himmelsrichtung zeigt der Eingang des Bürogebäudes?

N (Wasser) ☐ NO (Erde) ☐ O, SO (Holz) ☐
S (Feuer) ☐ SW (Erde) ☐ W, NW (Metall) ☐

In welche Himmelsrichtung zeigt der Eingang des Büroraumes?

N (Wasser) ☐ NO (Erde) ☐ O, SO (Holz) ☐
S (Feuer) ☐ SW (Erde) ☐ W, NW (Metall) ☐

Wo im Raum steht Ihr Schreibtisch?

N (Wasser) ☐ NO (Erde) ☐ O, SO (Holz) ☐
S (Feuer) ☐ SW (Erde) ☐ W, NW (Metall ☐

Feng-Shui-Analyse-Bogen

Die Elemente Feuer und Wasser

Die Elemente Feuer und Wasser im Firmengebäude sollten sich an Plätzen befinden, die mit dem entsprechenden Element in Harmonie stehen. Einen Ausgleich können Sie mit der Elemente-Reihefolge des aufbauenden Zyklus schaffen.

Wo befindet sich der Heizungsraum, oder wo stehen die Heizkörper bzw. Öfen?

N (Wasser)	☐	NO (Erde)	☐	O, SO (Holz)	☐
S (Feuer)	☐	SW (Erde)	☐	W, NW (Metall)	☐

In welcher Himmelsrichtung im Firmengebäude liegt das Wasser (Dusche, WC)?

N (Wasser)	☐	NO (Erde)	☐	O, SO (Holz)	☐
S (Feuer)	☐	SW (Erde)	☐	W, NW (Metall)	☐

Die Elemente Metall und Holz

Fenster und Licht stehen für das Element Holz. Der Luftzug, der im Firmengebäude durch die Fenster und Türen entsteht, wird dem Element Metall zugeordnet. Viele Fenster und viel Beleuchtung verstärken das Element Holz.

Gibt es verhältnismäßig viel Fensterflächen in Ihrem Büro?	Ja	☐	Nein	☐
Haben die Fenster Holz- oder Metallrahmen?	Ja	☐	Nein	☐
Sind die Fenster zu öffnen oder dauerhaft verschlossen?	Ja	☐	Nein	☐
Gibt es eine Klimaanlage?	Ja	☐	Nein	☐
Befinden sich gegenüber der Fenstern Türen?	Ja	☐	Nein	☐
Befinden sich gegenüber Türen andere Türen?	Ja	☐	Nein	☐

Herrscht Neonbeleuchtung oder Tageslicht vor?	Ja	☐	Nein	☐
Herrscht Einzelbeleuchtung von oben vor?				
Herrscht Einzelplatzbeleuchtung vor?	Ja	☐	Nein	☐
Herrscht Deckenfluterbeleuchtung vor?	Ja	☐	Nein	☐
Herrscht Wandlampenbeleuchtung vor?	Ja	☐	Nein	☐

Feng-Shui-Analyse-Bogen

Das Arbeitsumfeld und die fünf Elemente

Überprüfen Sie, welche Elemente in Ihrem Arbeitsumfeld dominieren. Schaffen Sie gegebenenfalls einen Ausgleich (siehe Tabelle Seite 33)

Gibt es im Büro einen Fußbodenbelag aus Parkett (Holz)?	Ja	Nein
Gibt es im Büro einen Fußbodenbelag aus Kork (Holz)?	Ja	Nein
Gibt es im Büro einen Teppichboden (Feuer)?	Ja	Nein
Gibt es im Büro einen Fußbodenbelag aus Linoleum (Feuer)?	Ja	Nein
Gibt es im Büro einen Fußbodenbelag aus Stein (Feuer)?	Ja	Nein

Bestehen die Möbel vorwiegend aus Holz (Holz)?	Ja	Nein
Bestehen die Möbel vorwiegend aus Kunststoff (Feuer)?	Ja	Nein
Bestehen die Möbel im Büro vorwiegend aus Stahl (Metall)?	Ja	Nein
Bestehen die Möbel im Büro vorwiegend aus Glas (Wasser)?	Ja	Nein

Dominiert die Farbe Schwarz am Arbeitsplatz (Wasser, Erde)?	Ja	Nein
Dominiert die Farbe Weiß am Arbeitsplatz (Metall, Erde)?	Ja	Nein
Dominiert die Farbe Grau am Arbeitsplatz (Metall)?	Ja	Nein

Feng-Shui-Analyse-Bogen

Das Arbeitsumfeld und die fünf Elemente

Überprüfen Sie, welche Elemente in Ihrem Arbeitsumfeld dominieren. Schaffen Sie gegebenenfalls eine Ausgleich (siehe Tabelle Seite 00)

Dominiert die Farbe Blau am Arbeitsplatz (Holz)?	Ja	☐	Nein	☐
Dominiert die Farbe Grün am Arbeitsplatz (Holz)?	Ja	☐	Nein	☐
Dominiert die Farbe Gelb am Arbeitsplatz (Erde)?	Ja	☐	Nein	☐
Dominiert die Farbe Rot am Arbeitsplatz (Feuer)?	Ja	☐	Nein	☐

Dominieren rechteckige Formen am Arbeitsplatz (Erde)?	Ja	☐	Nein	☐
Dominieren abgerundete Formen am Arbeitsplatz (Metall)?	Ja	☐	Nein	☐
Dominieren unregelmäßige Formen am Arbeitsplatz (Wasser)?	Ja	☐	Nein	☐

Am Ende Ihrer Analyse sollten Sie einen Überblick haben, ob die Menge der Elemente Ihre Tätigkeit unterstützt. Achten Sie auch darauf, ob alle Element in Ihrem Arbeitsumfeld vorzufinden sind. Tasten Sie sich bei der Interpretation langsam vor. Lassen Sie Ihre Intuition und Ihr Wissen wirken, und beginnen Sie mit den Veränderungsmaßnahmen.

Zum Nachschlagen

Bücher, die weiterhelfen

Brown, S.: Feng Shui am Arbeitsplatz, Urania Vlg., Neuhausen 2000.

Too, L.: Das große Buch des Feng Shui, Droemer Knaur Vlg., München 1997.

Walters, D.: Die Kunst des Wohnens, Goldmann Vlg., München 1998.

Wong, E.: Feng Shui. Die chinesische Kunst, Lebensräume harmonisch zu gestalten, Ullstein Vlg., Berlin 1997.

Bücher aus dem Gräfe und Unzer Verlag

Brown, S.: Feng Shui Astrologie.

Fahrnow, I. u.a.: Feng Shui und die 5-Elemente-Küche.

Knauss, H.: Feng Shui für Heimtiere.

Qian, J.: Feng Shui. Die Kunst des Wohnens.

Qian, J.: Feng Shui für Haus und Garten.

Sator, G.: Feng Shui für Kinder.

Sator, G.: Feng Shui. Harmonie in Partnerschaft & Liebe.

Sator, G.: Feng Shui. Leben und Wohnen in Harmonie.

Sator, G.: Feng Shui. Die Kraft der Wohnung entdecken und nutzen.

Sator, G.: Feng Shui. Harmonisches Wohnen mit Pflanzen.

Too, L.: Lillian Too`s Feng Shui der Liebe.

Adressen, die weiterhelfen

Feng Shui Concepts
Bruckmannring 28
D-85746 Oberschleißheim

Feng Shui Versand
Weimarische Straße 6
D-10715 Berlin

Easy Living Lebensraumplanung
Koglerstraße 10
A-3443 Sieghartskirchen

Feng Shui
Wohn- und Geschäftsberatung
Hauptstraße 96
CH-4466 Ormalingen

Register

Das Original mit Garantie

Ihre Meinung ist uns wichtig. Deshalb möchten wir Ihre Kritik, gerne aber auch Ihr Lob erfahren. Um als führender Ratgeberverlag für Sie noch besser zu werden. Darum: Schreiben Sie uns! Wir freuen uns auf Ihre Post und wünschen Ihnen viel Spaß mit Ihrem GU-Ratgeber.

Unsere Garantie: Sollte ein GU-Ratgeber einmal einen Fehler enthalten, schicken Sie uns das Buch mit einem kleinen Hinweis und der Quittung innerhalb von sechs Monaten nach dem Kauf zurück. Wir tauschen Ihnen den GU-Ratgeber gegen einen anderen zum gleichen oder ähnlichen Thema um.

Ihr Gräfe und Unzer Verlag
Redaktion Gesundheit
Postfach 86 03 25
81630 München
Fax: 089/4 19 81-113
e-mail: leserservice@graefe-und-unzer.de

Impressum

Redaktionsleitung
Doris Birk
Redaktion
Barbara Fellenberg
Lektorat und Satz
Nadia Zakaryan

Illustrationen
Rhea Silvia Will, Baiern
Fotos
IFA-Bilderteam Seite 24 u. (Schösser); Image Bank Seite 70 (S. Ajbeszyc); Jahreszeiten Vlg. Seite 65 (H. Heye), 66 (W. Brackrock); Mauritius Seite 25 u. (Pelka), 80 (Schlief); W. Nörenb./Hußmann Seite 22; Photonica/Neo Vision Seite 24 o., 32, 35, 41; Picture Press Seite 26 u. (Willig), 46 (Eulenberg), 82 (Riolzi); Studio Schmitz Seite 73, 76, 77; Bildagentur Schuster Seite 40 (PSI), 42 (Prisma); Tony Stone Seite 6 (D.E. Cox), 8 (Y. Layma), 27 (C. Hawkins), 68 (J. Cornish); Friedrich Strauss Seite 31; The Stock Market Seite 69 (J. L. Pelaez), 74 (B. Miles); Ernst Wrba Foto-Design Seite 10, 26 o.; Zefa Seite 4, 25 o. (Mollenhauer).
Umschlagfotos
Independent-Archiv linke und rechte Spalte; mittlere Spalte: Tony Stone o.; Friedrich Strauss mi.; Image Bank u.; U4 Photonica

Umschlaggestaltung
independent Medien-Design
Innenlayout
Heinz Kraxenberger
Herstellung
Petra Roth
Lithos
MXM GmbH, München
Druck
Appl, Wemding
Bindung
Sellier, Freising

ISBN: 3-7742-4800-1

Auflage	5.	4.	3.	2.	1.
Jahr	04	03	02	01	00

Dank

Meinen ganz besonderen Dank richte ich an Derek Walthers, der mir mit viel Geduld und großer Weisheit den Einstieg in die Chinesische Philosophie und Traditionelle Chinesische Medizin möglich gemacht hat.

Wichtiger Hinweis

Die Anwendung von Feng Shui führt in aller Regel dazu, dass die Menschen, die sich mit der Umsetzung dieser Empfehlungen in ihrem Umfeld beschäftigen, sich dort wohler fühlen, zu mehr Kraft und Erfolg finden. Feng Shui-Maßnahmen unterstützen das allgemeine Wohlbefinden, sind aber nicht geeignet zur Behandlung körperlicher oder seelischer Beschwerden. Im Buch beschriebene Arbeitssituationen führen nicht zwangsläufig zu einem bestimmten Schicksal, da letztlich jedem sein freier Wille und die freie Entscheidung bleiben.

Umwelthinweis

Dieses Buch wurde auf chlorfrei gebleichtem Papier gedruckt. Um Rohstoffe zu sparen, haben wir auf Folienverpackung verzichtet.

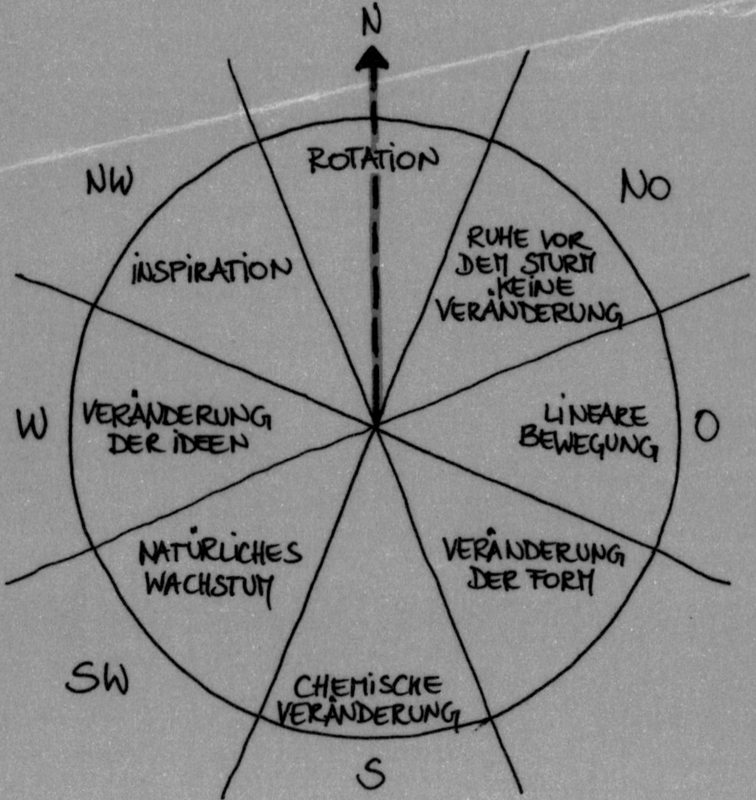
N
NW
NO
W
O
SW
S
ROTATION
RUHE VOR DEM STURM .KEINE VERÄNDERUNG
LINEARE BEWEGUNG
VERÄNDERUNG DER FORM
CHEMISCHE VERÄNDERUNG
NATÜRLICHES WACHSTUM
VERÄNDERUNG DER IDEEN
INSPIRATION

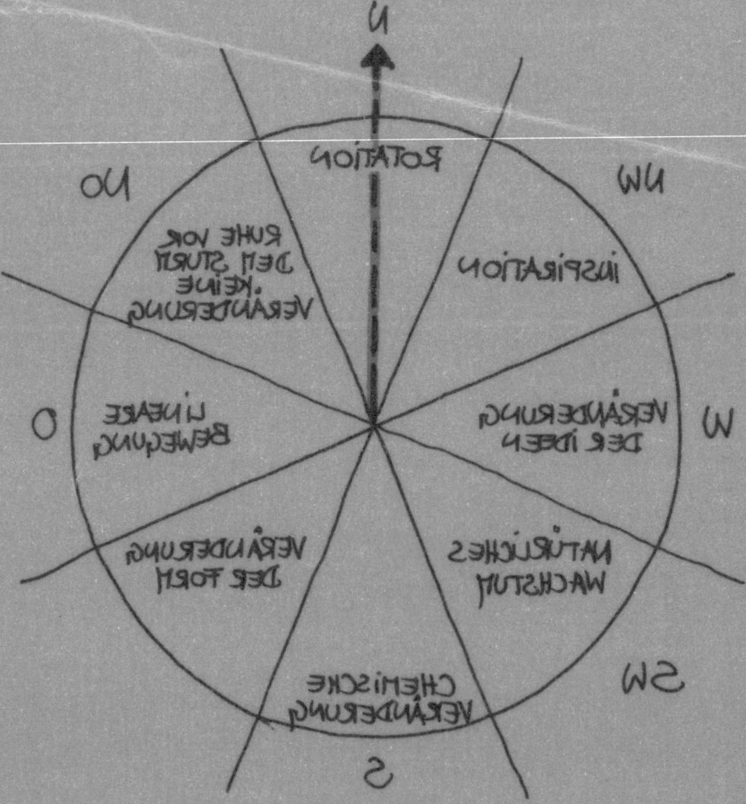

N
ROTATION
NW
INSPIRATION
W
VERÄNDERUNG DER IDEEN
NATÜRLICHES WACHSTUM
SW
CHEMISCHE VERÄNDERUNG
S
VERÄNDERUNG DER FORM
O
LINEARE BEWEGUNG
NO
RUHE VOR DEM STURM · KEINE VERÄNDERUNG